Über die Autoren:

Sabine Weiden, geboren 1961, hat nach ihrem Studium eine Redakteursausbildung absolviert. Anschließend war sie für Tageszeitungen und Zeitschriften tätig, zuletzt als stellvertretende Chefredakteurin. Seit einigen Jahren arbeitet sie freiberuflich und leitet unter anderem Seminare, in denen sie Managern das richtige Auftreten in der Öffentlichkeit und bei Interviews vermittelt.

Jörg Müller, geboren 1959, ist Wirtschaftsjournalist. Er war viele Jahre als Chefredakteur für verschiedene große Zeitschriften tätig. Jörg Müller arbeitet heute als freier Autor und hat bereits zahlreiche Bücher veröffentlicht, darunter auch Ratgeber für den Einstieg ins Berufsleben.

Jörg Müller / Sabine Weiden

Das SQ-Testbuch

Wie groß ist Ihre soziale Intelligenz?

Knaur Taschenbuch Verlag

Besuchen Sie uns im Internet:
www.knaur.de

Originalausgabe Oktober 2008
Copyright © 2008 by Knaur Taschenbuch.
Ein Unternehmen der Droemerschen Verlagsanstalt
Th. Knaur Nachf. GmbH & Co. KG, München.
Alle Rechte vorbehalten. Das Werk darf – auch teilweise –
nur mit Genehmigung des Verlags wiedergegeben werden.
Konzept und Realisation: Livingston Media, 20148 Hamburg,
www.livingston-media.de
Redaktion: Franziska Beyer
Umschlaggestaltung: ZERO Werbeagentur, München
Umschlagabbildung: FinePic, München
Satz: Wilhelm Vornehm, München
Druck und Bindung: CPI – Clausen & Bosse, Leck
Printed in Germany
ISBN 978-3-426-78044-2

2 4 5 3 1

Inhaltsverzeichnis

Vorwort
Erfolg ist, richtig miteinander umzugehen 7

Einleitung 10

Test-Teil 27

Teil I:
Sind Sie sich selbst ein guter Freund? 29

Teil II:
Kommen Sie gut mit anderen aus? 85

Teil III:
Haben Sie Ihre Partnerschaft im Griff? 141

Teil IV:
Können Sie sich im Job behaupten? 197

Vorwort

Erfolg ist, richtig miteinander umzugehen

Wir möchten von anderen geliebt werden. Wir wollen in der Gesellschaft anerkannt sein. Wir streben nach Erfolg im Beruf und nach einem hohen Einkommen. Wünsche haben wir viele. Aber wie versuchen wir eigentlich, uns diese ja meist von den Reaktionen und Einschätzungen anderer abhängigen Wünsche zu erfüllen?

Für viele gibt es da ein ganz einfaches Prinzip: Sie versuchen, die Schwächen der anderen zu nutzen – manchmal auch auszunutzen – und sich selbst keine Blöße geben. Ein simples Prinzip, aber es steht auf einem bröckeligen Fundament. Denn es resultiert aus der Angst, von der Umwelt nicht akzeptiert zu werden oder als Versager dazustehen. Doch wenn Unsicherheit und Angst uns und unser Verhältnis zu anderen regieren, betrachten wir alles mit einem negativen, pessimistischen Blick. Gehen wir dann auf Konfrontation, um uns zu schützen, werden wir keine optimale Beziehung zu unserem Gegenüber herstellen können.

Aber ist diese vorauseilende Selbstverteidigung überhaupt nötig? Wäre es nicht besser, sich erst einmal auf seine Mitmenschen einzulassen, und abzuwarten? Einfach nach der Devise: »Vielleicht kommt ja doch alles ganz anders?«

Die Wahrscheinlichkeit dafür ist groß, wenn wir versuchen, ohne vorschnelle Wertungen auf andere zuzugehen. Denn sobald wir uns auf unser Gegenüber einlassen, merken wir, dass wir mit Ängsten und Sorgen nicht allein dastehen, dass es anderen ähnlich oder genauso geht. Der Kollege Brummbär wird plötzlich zu einem liebenswerten Kerl, der zu Hause Probleme hat. Die uns nicht grüßende Nachbarin wird zur hilfsbereiten Alleinerziehenden, die mit ihren Gedanken dauernd woanders ist. Wenn wir nur ein bisschen aufeinander zugehen statt die Verteidigungshaltung einzunehmen, bekommen wir eine völlig neue Sicht auf alles.

Optimismus und Offenheit als Schlüssel zu anderen

Warum also anderen immer gleich Böses unterstellen? Eine optimistische Grundhaltung ihnen gegenüber ist allemal angenehmer und nur von Vorteil. Denn ohne eine offene und positive Einstellung klappt die soziale Kontaktaufnahme nicht. Nur wer über seinen Schatten springt und seine Vorurteile ausblendet, kann eine Beziehung zustande bringen. Dieser komplexe Vorgang aber wird bestimmt und geleitet von unserer sozialen Intelligenz. Sie setzt sich aus mehreren Aspekten zusammen, und jeder hat sie, mehr oder weniger ausgeprägt.

Das Kernstück der sozialen Intelligenz ist das Einfühlungsvermögen. Es ist nicht bei allen gleich stark ausgebildet. Dem einen gelingt es besser, sich in jemanden hineinzuversetzen, dem anderen weniger gut. Für manche Menschen ist es geradezu selbstverständlich. Sie besitzen eine hohe soziale Intelligenz und verstehen es perfekt, sich auf die Bedürfnisse und Reaktionen anderer einzustellen und sich entsprechend zu verhalten. Solche Personen üben oft soziale Berufe aus, arbeiten zum Beispiel als Ärzte oder Lehrer. Häufig sind sie auch in Bereichen tätig, die viel Diplomatie erfordern, etwa in der Politik oder in der Chefetage eines Unternehmens. Doch nicht alle von ihnen sind bei Erreichen ihrer Position mit dem nötigen Maß an sozialer Intelligenz ausgestattet gewesen. Was bedeutet: Sich in andere hineinzuversetzen, ihre Persönlichkeit zu erkennen und richtig mit ihnen umzugehen – all das kann man lernen!

Ist uns ein anderer Mensch sympathisch, fällt es leicht, sich mit ihm zu beschäftigen und seine Persönlichkeit auszuloten. Dann möchte man mehr über ihn erfahren und herausfinden, ob es Gemeinsamkeiten gibt. Man wünscht sich, dass der andere einen auch mag und sich wohl bei einem fühlt. Deshalb ist man an seinem Befinden interessiert und bemüht sich darum – nicht nur, indem man ihn direkt fragt. Denn die Sympathie zum Gegenüber schaltet automatisch unser Einfühlungsvermögen ein. Und das ist die halbe Miete für eine gute Beziehung.

Schwerer haben wir es, wenn wir einer Person gegenüberstehen, die uns undurchsichtig erscheint, die wir unbewusst oder sogar bewusst ablehnen. Dann neigen wir dazu, sie abzuwerten und uns Vorurteile über sie zu bilden, was eine Kommunikation natürlich erschwert. Stattdessen wäre es besser, den Konfrontationskurs zu verlassen und sich konstruktive Fragen über diesen Menschen zu stellen: Ist er überhaupt glücklich? Hat er Probleme? Fühlt er sich gerade unwohl? Auch wenn man diese Fragen nicht ausspricht und daher auch nicht beantwortet bekommt, haben sie doch eine wichtige Funktion: Sie geben uns eine positive Grundhaltung dem anderen gegenüber und sorgen dafür, dass wir ihn nicht geringschätzen, abwerten oder gar verurteilen. So kann unsere Beziehung zu ihm eine günstige Richtung einschlagen.

Dieses Buch möchte Ihnen dabei helfen, künftig immer die günstige und für Sie beste Richtung zu finden. Denn es hilft Ihnen, Ihre soziale Intelligenz zu erkennen und zu trainieren – mit dem Ziel, Ihnen mehr Einfühlungsvermögen und damit mehr Sympathie zu verschaffen. Denn die ist der Schlüssel zu den Herzen anderer – und damit zu ganz neuen Erfolgen auf allen Gebieten.

Sabine Weiden, Jörg Müller
und das Team von Livingston Media

Einleitung

Intelligenz ist vielfältig

Moderne Intelligenztests gibt es seit rund hundert Jahren. Ihr Ziel war es seit jeher, die Fähigkeit von Menschen für bestimmte Aufgaben und Tätigkeiten zu ermitteln. Bisher hat sich die Psychologie zwar nicht auf eine einheitliche Definition von Intelligenz einigen können. Für alle praktischen Zwecke reicht es jedoch zu sagen: Intelligenz ist die Fähigkeit, den Anforderungen, die die Welt an uns stellt, bestmöglich zu entsprechen. Diese Anforderungen sind aber so unterschiedlich, dass wir nicht nur eine, sondern mehrere Arten von Intelligenz brauchen, um sie bewältigen zu können. Der amerikanische Psychologe und Neurologe sowie IQ-Kritiker Prof. Howard Gardner hat ein System aufgestellt, in dem er sogar acht Dimensionen der Intelligenz nennt:

- Sprachliche Intelligenz (verständlich und überzeugend sprechen und erklären, originelle Geschichten erzählen können)
- Musikalische Intelligenz (sich an Musik erinnern, Musik machen, Komponieren)
- Logisch-mathematische Intelligenz
- Räumliche Intelligenz (Orientierung bei Puzzles und auf Landkarten)
- Körperliche und kinästhetische Intelligenz (Tanzen, Sport treiben, sich bewegen, geschickter Werkzeuggebrauch)
- Intrapersonelle Intelligenz (sich der eigenen Gefühle bewusst sein und Bezug zu ihnen und den nichtrationalen geistigen Inhalten haben)
- Interpersonelle Intelligenz (sensibel sein für die Stimmungen und Beweggründe anderer Menschen)
- Naturalistische Intelligenz (in ihr zeigt sich die Fähigkeit,

Pflanzen und Tiere mit Namen zu benennen, ebenso wie die Freude, dies zu tun).

Praktische Alltagshilfe

Die »klassische« Art der Intelligenz kennen wir aus Schule und Wissenschaft. Sie hat mit Logik zu tun, mit Denken, Prüfen, Fakten sammeln und Sinn erkennen. Dazu braucht es Zeit und Ruhe. Doch die haben wir nicht immer bei allen Anforderungen, mit denen uns das Leben konfrontiert. Unsere Vorfahren hatten noch weniger Muße für den Einsatz ihrer Intelligenz. Wenn ein Höhlenmensch im Augenwinkel einen Schatten bemerkte, musste er innerhalb von Tausendstelsekunden entscheiden: Gibt es hier Beute? Oder bin ich Beute?

Um diesen geistigen Anforderungen zu entsprechen, hat die Natur uns mit einer weiteren Art von Intelligenz ausgerüstet, die diese tagtäglichen Alltagsinformationen schnell, spontan und ohne langes, praxisfernes Grübeln verarbeitet. Dies ist die emotionale Intelligenz – Gardner nennt sie intrapersonelle und interpersonelle Intelligenz. Sie setzt sich im Wesentlichen aus fünf Fähigkeiten zusammen, von denen die ersten drei stark mit der eigenen Person zusammenhängen (das ist die intrapersonelle Intelligenz). Dazu gehört:

Sich seiner selbst bewusst zu sein und sich selbst, das eigene Leben sowie das eigene Gefühlsleben zu kennen.

Seine eigenen Stimmungen einigermaßen kontrollieren zu können, so dass man unter Stress ruhig bleibt, Angst gut abwehren und negative Gefühle schnell verarbeiten kann.

Sich selbst motivieren zu können, um sich nicht entmutigen zu lassen, wenn etwas nicht sofort klappt.

Was ist soziale Intelligenz überhaupt?

Die beiden übrigen der insgesamt fünf Fähigkeiten beziehen sich in erster Linie auf das Verhältnis zu anderen Menschen, also auf unser soziales Verhalten (bei Gardner ist das die interpersonelle Intelligenz). Da ist zum einen das als Empathie bezeichnete Vermögen, zu verstehen, was andere Menschen fühlen. Empathie ist etwas Ähnliches wie Sympathie, geht aber noch tiefer. Wo die Sympathie uns nur mit einem anderen Menschen mitfühlen lässt, sorgt die Empathie dafür, dass wir uns in ihn hineinversetzen können – sogar in jemanden, den wir nicht sympathisch finden. Diese vierte Fähigkeit kann beispielsweise Kriminalbeamten dabei helfen, einen Täter zur Aufgabe zu bewegen. Sie denken sich in ihn und seine Situation hinein, dazu müssen sie ihn aber nicht mögen.

Als fünfte Fähigkeit gehört zur emotionalen Intelligenz schließlich auch das Engagement, sich unter Menschen zu begeben und etwas mit ihnen gemeinsam zu unternehmen. Das beinhaltet, gut mit anderen zurechtzukommen und Freude daran zu empfinden, in Gesellschaft zu sein – anstatt nur zuzuschauen und Menschen bloß zu beobachten. Die beiden letztgenannten Fähigkeiten sind zugleich Hauptfähigkeiten einer weiteren Art von Intelligenz, der sozialen Intelligenz.

Die Überschneidung der beiden Intelligenzarten hat unter Wissenschaftlern für eine begriffliche Verwirrung gesorgt: Was gehört noch zum emotionalen Bereich, was schon zum sozialen? Eine Trennung fällt allein deshalb nicht leicht, weil sich auch im Gehirn die sozialen und emotionalen Zentren überschneiden. Deshalb geht es bei der sozialen Intelligenz im Wesentlichen auch um die gleichen Bereiche des menschlichen Lebens, die die emotionale Intelligenz umfasst, nur aus einem anderen Blickwinkel gesehen: Bei der sozialen Intelligenz steht nicht das Ich im Vordergrund, sondern das Wir. Dabei ist zwar auch wichtig, sich selbst zu kennen, sich kontrollieren und motivieren zu können. Doch diese Fähigkeiten werden nicht mehr nur auf eine Person bezogen betrachtet, sondern im Hinblick auf ihre Funktion und Wirkung im Umgang mit anderen.

Das Leben kennt die besten Beispiele

Der US-amerikanische Psychologe Daniel Goleman hatte das Soziale zunächst als Bestandteil des Emotionalen aufgefasst. Schließlich kam er zu der Erkenntnis, dass eine Trennung und isolierte Betrachtung des Begriffs zur Bestimmung der sozialen Beziehungen aufschlussreicher ist. So erläutert er diese Überlegung in seinem Buch *Soziale Intelligenz. Wer auf andere zugehen kann, hat mehr vom Leben* (Droemer 2006). Durch die Trennung lässt sich feststellen, was das Miteinander, also der soziale Umgang, zum Verhalten des Einzelnen beiträgt und inwiefern seine Gefühle dadurch gesteuert werden. Und wem bekannt ist, dass ein bestimmtes Verhalten seines Gegenübers zum Beispiel provozieren soll, der kann darauf entsprechend reagieren, um der Situation die Schärfe zu nehmen.

Ein solches Beispiel führt Goleman auch in seinem Buch an. Zwei athletisch gebaute Zwölfjährige hatten sich während des Sportunterrichts über einen etwas molligen Klassenkameraden lustig gemacht, der am Fußballspiel teilnehmen wollte. Statt darüber wütend zu werden und eine Prügelei zu starten, behielt der Gehänselte die Beherrschung und nahm den beiden Stänkerern den Wind aus den Segeln. »Ja, ich will es versuchen, aber besonders gut bin ich nicht«, gab er mit ruhiger, nüchterner Stimme zu. Nach einer kurzen Pause fügte er hinzu: »Dafür bin ich gut in Kunst. Ich kann euch alles abzeichnen, was ihr wollt.« Zu dem Jungen, der ihn gehänselt hatte, sagte er: »Aber du – du bist ein guter Fußballer. Super sogar. So gut möchte ich auch mal werden, aber wahrscheinlich klappt das nicht. Vielleicht werde ich ein bisschen besser, wenn ich genug trainiere.« Daraufhin antwortete der Angesprochene, völlig entwaffnet, auf einmal ganz freundlich: »Na ja, *so* schlecht spielst du auch nicht. Vielleicht kann ich dir ja ein paar Tricks zeigen.«

Der unsportliche junge Künstler versteht sich gut auf die Kunst des Beziehungsmanagements, also darauf, seine soziale Intelligenz anzuwenden. Anstatt sich über die Hänseleien zu ärgern, hat er die sarkastische Botschaft dahinter einfach ausgeblendet und sich darauf konzentriert, die Situation zu entschärfen und in eine freundlichere Stimmung umzuwandeln. Dazu musste er anwenden, was Goleman soziales Bewusstsein und soziale Fertigkeiten nennt. Nur wer beides beherrscht, besitzt das Handwerkszeug dafür, ohne Reibereien mit seinen Mitmenschen auszukommen.

Das soziale Bewusstsein

Wer sich mit seinen Mitmenschen verstehen will, braucht also zum einen ein soziales Bewusstsein, er benötigt demzufolge ein Gespür für sein Gegenüber. Dazu ist es wichtig, dass er dessen augenblickliche Befindlichkeit erkennt und Verständnis für seine Gefühle und Gedanken aufbringt. Und er muss zum anderen dazu fähig sein, sozial schwierige Situationen, wie einen kurz bevorstehenden Streit, intuitiv zu erfassen. Ohne diese Voraussetzungen würde ein Gespräch in die Sackgasse führen und keine Beziehung zustande kommen, weil sich die Beteiligten nicht aufeinander einstellen können. Die Grundlage für eine erfolgreiche Kommunikation ist laut Goleman gegeben, wenn die Beteiligten über primäre Empathie, Zugewandtheit, empathische Genauigkeit und soziale Kognition verfügen. Diese Begriffe werden im Folgenden kurz erläutert.

Primäre Empathie

Selbst wenn wir nichts sagen, teilen wir uns anderen mit. Denn unsere Emotionen können wir nicht verstecken. Wir drücken sie auch aus, wenn wir es gar nicht wollen – über nonverbale Signale. Das kann ein Lächeln sein, ein Stirnrunzeln oder ein flüchtiger, aber dennoch wahrnehmbarer Ausdruck in den Augen. Diese Signale erkennen und sich in andere einfühlen zu können, bezeichnet Goleman als primäre Empathie. Sie ist gewissermaßen die erste Stufe, die wir in der Auseinandersetzung mit anderen nehmen. Dabei werden alle körperlichen Äußerungen wie Mimik, Gestik, Haltung oder Blicke einbezogen. Es sind die ersten Wahrnehmungen, die wir haben, ohne unser Gegenüber näher zu kennen. Das, was der erste Eindruck und unser Bauchgefühl uns sagen. Und das kann uns misstrauisch machen, Interesse oder Sympathie in uns wecken, uns auf Distanz gehen lassen oder bestimmte Handlungen bewirken.

Goleman beschreibt in seinem Buch einen Fall, in dem es durch diese schnelle Auffassungsgabe eines Konsulatsbeamten möglich war, einen Verbrecher zu verhaften. Als der Beamte einen Mann, der im Konsulat ein Visum beantragen wollte, fragte, warum er das Dokument wollte, nahm er einen kurzen Moment lang einen verächtlichen Ausdruck im Gesicht des Antragstellers war. Das machte den Sachbearbeiter misstrauisch. Er ging in einen Nebenraum, um in der Datenbank von Interpol zu recherchieren. Dort fand er heraus, dass der Mann ein in mehreren Staaten gesuchter Gangster war. Der Beamte besaß die Begabung, die Emotionen anderer durch primäre Empathie spontan zu erkennen – sein Bauchgefühl hatte den Kriminellen überführt.

Der Verbrecher konnte dem Sachbearbeiter also nichts vormachen. Denn unsere Gefühle schimmern immer auf irgendeine Art und Weise durch und finden einen Weg, sich zu offenbaren. Selbst wenn wir uns bemühen, das zu vermeiden: Wir können nicht verhindern, uns anderen mitzuteilen. Ob unsere Signale allerdings wahrgenommen und korrekt interpretiert werden, liegt nicht in unserer Hand, sondern in der unserer Mitmenschen. Es kommt darauf an, wie sensibel deren Wahrnehmung ist. Diese zwischenmenschliche Fähigkeit nimmt bis zum Alter von etwa fünfundzwanzig Jahren zu. Das bedeutet, sie ist nicht von Geburt an starr festgelegt, sondern jeder kann sie trainieren und weiterentwickeln. Auch individuelle Lebensumstände können die Empathie beeinflussen und sie verstärken. Das lässt sich gut bei Müttern von Kleinkindern erkennen. Sie sind in der Lage, nonverbale Mitteilungen besser zu entschlüsseln als beispielsweise altersgleiche kinderlose Frauen. Der Grund dafür ist, dass sich Kleinkinder sprachlich noch gar nicht beziehungsweise noch nicht gut mitteilen. Ihre Mütter sind deshalb darauf angewiesen, jede ihrer Regungen, insbesondere die nonverbalen, deuten zu können. Am besten lassen sich Emotionen übrigens von den Augen ablesen.

Zugewandtheit

Um einen Kontakt mit dem Gegenüber herzustellen, bedarf es eines gewissen Maßes an Interesse und Offenheit, die über die Empathie hinausgeht. Wir müssen uns dem anderen zuwenden und ihm unsere Aufmerksamkeit schenken, und zwar die ungeteilte. Gleichzeitig sollten wir uns selbst zurücknehmen. Denn es geht ja darum, den anderen zu verstehen und als Person zu erfassen. Unsere eigenen Belange sind da erst einmal nicht gefragt. Denn wer den anderen mit einem Redeschwall überhäuft, kann ihm nicht zuhören und erfährt dementsprechend wenig über ihn. Schlimmer noch: Er sendet das Signal, dass der Gesprächspartner ihm eigentlich egal ist und er nur seine Sicht der Dinge bei ihm abladen möchte.

Intensives Zuhören ist den meisten Menschen von Natur aus gegeben, manche müssen es aber auch erst lernen. Ganz automatisch widmen wir uns anderen, wenn wir ihnen emotional verbunden sind und Zuneigung zu ihnen fühlen. Dann klappt auch das Zuhören von selbst. Schwieriger wird es, wenn unser Gegenüber uns nicht bekannt oder egal ist, unsympathisch oder gar abstoßend auf uns wirkt. Das lässt dann unsere Aufmerksamkeit sinken. Doch die ist nötig, um die Gefühle und Bedürfnisse des anderen wahrzunehmen und sich in ihn einfühlen zu können. Sobald unsere Aufmerksamkeit aus welchem Grund auch immer verlorengeht, ist deshalb kein echter Kontakt mehr möglich.

Wer wirklich zuhört, wendet sich den Empfindungen des anderen bewusst zu und konzentriert sich auf ihn. So sorgt er dafür, dass die Unterhaltung von beiden Gesprächspartnern bestritten wird und nicht nur von einem. Das fördert ein Denken auf gemeinsamer Wellenlänge. Und das ist auch in vielen Berufen notwendig, wie bei Verkäufern und Kundenbetreuern. Auch bei Managern, Lehrern, Führungskräften und natürlich Ärzten sowie Sozialarbeitern ist Zuhören ein wesentlicher Bestandteil des Jobs. Für den Aufbau einer privaten Beziehung ist es die Grundvoraussetzung.

Empathische Genauigkeit

Ging es bei der primären Empathie darum, die Emotionen anderer durch Einfühlungsvermögen spontan zu erkennen, beschreibt die empathische Genauigkeit laut Goleman die Fähigkeit, die unausgesprochenen Empfindungen und Gedanken anderer Menschen zu erraten. Man könnte auch sagen: Es ist die Fähigkeit, zwischen den Zeilen zu lesen. Das gelingt dem einen besser, dem anderen schlechter. Je nachdem, wie gut seine primäre Empathie ist. Denn die ist die Voraussetzung für die empathische Genauigkeit.

Zwar besitzt unser Gehirn die Funktion, uns auf das einzustimmen, was unser Gegenüber zu tun beabsichtigt. Doch das geschieht auf einer vorbewussten Ebene. Das heißt, es entzieht sich unserer direkten Wahrnehmung. Wir können also keinen Nutzen daraus ziehen, um eine Situation bewusst zu beeinflussen. Direkten Einfluss können wir aber mit Hilfe der empathischen Genauigkeit ausüben, weil wir durch sie die Absichten des anderen bewusst wahrnehmen. Sie hilft uns dann, uns besser darauf einzustellen und vorherzusagen, was unser Gegenüber zu tun beabsichtigt.

Das ist für Beziehungen wichtig. Sie werden umso schwieriger, je weniger die Partner über diese Fähigkeit verfügen und sich dadurch nur unzureichend aufeinander einstellen können. Dann kann es passieren, dass der eine zwar merkt, dass es dem anderen schlechtgeht, aber keine Ahnung hat, warum. Das ist oft der Hauptgrund für eine unglückliche Ehe oder sogar deren Scheitern. Glückliche Paare können sich perfekt ineinander einfühlen. Eine funktionierende empathische Genauigkeit lässt uns beispielsweise auch erkennen, wenn jemand im Gespräch einen Namen vergisst und ihm das unangenehm ist, ohne dass er das sagt. Oder wenn wir merken, dass um uns herum mit den Menschen etwas nicht stimmt, wir Gefahr spüren und uns bewusst aus der Situation herausbegeben.

Soziale Kognition

Ein weiterer Aspekt der zwischenmenschlichen Wahrnehmung ist die soziale Kognition. Durch sie wissen wir, wie die soziale Welt funktioniert und wie wir uns in unterschiedlichen sozialen Situationen verhalten müssen. Sie sagt uns, wie in einer Gruppe die Hierarchien verteilt sind, wer an ihrer Spitze steht, wer am unteren Ende und wo wir uns einzufügen haben.

So ist es uns als Jobeinsteiger möglich, herauszufinden, wer am Arbeitsplatz den meisten Einfluss ausübt und wer mit wem gut kann. Die Fähigkeit zu so einer sozialen Beziehungsanalyse besitzen wir schon als Kind. Bereits im Kindergarten oder in der Schule können wir sagen, wer mit wem befreundet ist. Im Umgang mit anderen Kindern lernen wir die Regeln des Miteinanders, also wie man Freunde gewinnt, sich in eine Gruppe einfügt oder Kontakte pflegt. Und das bestimmt schließlich, wie wir später mit anderen klarkommen.

Wer als Kind nicht gelernt hat, sich auf andere einzustellen und sich entsprechend zu verhalten, wird sich auch als Erwachsener damit schwertun. Die soziale Kognition ist dann nicht genügend ausgeprägt, um Zwischenmenschliches erfolgreich zu lösen. Solche Charaktere haben eher Probleme damit, in einer neuen Umgebung passende Freunde zu finden. Auch ansonsten ist es für sie nicht leicht, mit ihren Beziehungen richtig umzugehen. Denn was sozialkognitiv Begabte mühelos erkennen, sehen sie häufig nicht. Beispiel: Jemand macht einen frechen Spruch, der eine findet ihn witzig, der andere beleidigend. Wem es an sozialkognitiver Kompetenz mangelt, wird nicht verstehen, warum man den Spruch auch beleidigend finden kann. Und da liegt die »Gefahr«: Es mangelt ihm an sozialer Kenntnis. Besonders peinlich kann so ein Defizit werden, wenn man sich im Ausland befindet oder es mit Menschen einer völlig anderen Kultur zu tun hat. Wer keine sozialen Antennen hat, tappt dann schnell von einem Fettnäpfchen ins nächste. In Dubai gilt es beispielsweise als absolut unmöglich, wenn Männer mit Shorts bekleidet herumlaufen. Kurze Hosen sind dort Unterhosen. In Japan empfindet man es als unangenehm, sich zur Begrüßung die Hand zu geben. Umgekehrt gilt es dort als legitim, bei Tisch zu schlürfen, was wir wiederum völlig ablehnen.

Die soziale Kognition hilft uns also dabei, eine harmonische Beziehung zu unseren Mitmenschen zu pflegen und gesellschaftlich nicht anzustoßen. Zusammen mit den Fähigkeiten, anderen zuhören, sich in sie einfühlen und ihre Motivation erkennen zu können, liefert die soziale Kognition unser Rüstzeug für die zwischenmenschliche Wahrnehmung. Das heißt, wir sind dadurch in der Lage, unser Gegenüber und seine Bedürfnisse zu verstehen. Wir wissen, wie es sich fühlt und was es von uns erwartet. Das ist schon eine ganze Menge. Nun kommt es darauf an, dass wir uns richtig verhalten, um eine Beziehung oder ein Gespräch in die richtige Richtung zu lenken und zum Erfolg zu führen.

Die sozialen Fertigkeiten

Ein soziales Bewusstsein zu haben und die Beweggründe und Absichten seiner Mitmenschen wahrzunehmen, ist zwar die Grundlage für einen reibungslosen Umgang mit ihnen. Aber allein dadurch kommt er noch nicht zustande. Wer sich in der Gesellschaft behaupten und gute Beziehungen zu anderen pflegen will, muss das auch durch sein Verhalten und sein Auftreten kenntlich machen. Menschen, die von Natur aus schüchtern oder gehemmt sind, haben es damit oft schwer. Aber auch, wer nur so tut als ob, kommt nicht weiter. Vor allem nicht, wenn sein Gegenüber eine hohe soziale Intelligenz besitzt. Dann kann schon die primäre Empathie für ein Auffliegen des Hochstaplers sorgen, und die Verständigung scheitert bereits im Ansatz. Denn Einfühlungsvermögen ist auch bei den sozialen Fertigkeiten mit im Spiel. Goleman nennt es Synchronie und meint damit die nonverbalen Signale, die ein Gesprächspartner als Reaktion auf das Gesagte des Gegenübers äußert (Kopfnicken, Lächeln). Als weitere Aspekte sozialer Fertigkeiten führt er die Selbstdarstellung an, ebenso die Einflussnahme und die Fürsorglichkeit. Auch diese Begriffe werden im Folgenden näher erklärt.

Synchronie

Sie bildet die Grundlage der sozialen Fertigkeiten. Ohne sie würden wir bei unseren Mitmenschen nichts erreichen. Im Mittelpunkt stehen dabei die nonverbalen Signale, die wir im Verlauf eines Gesprächs benutzen. Dazu gehören harmonische Zustimmungsbekundungen, wie im richtigen Moment zu lächeln oder mit dem Kopf zu nicken oder eine dem Gegenüber zugewandte Körperhaltung einzunehmen. Wer sich mit einem anderen synchronisiert, sich also mit ihm auf gleicher Wellenlänge befindet, kann diese Signale sofort und ohne groß darüber nachzudenken deuten und auf sie reagieren. Ist er nicht mit ihm auf einer Länge, wird er nervös oder regungslos. Etwa, wenn sein Gegenüber ihm nicht in die Augen sieht, während er mit ihm spricht, zu nah an ihn herantritt oder ein Gesicht aufsetzt, das offensichtlich nicht zu seiner Stimmung passt. Manch einer merkt es aber auch gar nicht, wenn die nonverbalen Äußerungen nicht konform gehen mit dem Gesagten. Dann driften die zwischenmenschlichen Schwingungen auseinander.
Die Folge einer verpatzten Synchronie ist, dass die Gesprächs-

partner keinen rechten gemeinsamen Nenner finden, aneinander vorbeireden und nicht miteinander »warm werden«. Es entsteht ein unbehagliches Gefühl bei zumindest einem von beiden. Zwar kann man versuchen, bewusst an den »richtigen Stellen« zu reagieren. Doch das ist im Allgemeinen anstrengend und wird nicht zu einem zufriedenstellenden Gespräch führen. Wer hingegen natürlich reagiert, wird eine größere emotionale Resonanz erfahren und somit auch mehr Erfolg haben – in welcher Hinsicht auch immer er die beabsichtigt hat.

Selbstdarstellung

Die Art und Weise, wie wir uns selbst darstellen, hat einen großen Einfluss darauf, wie andere von uns denken und ob sie unsere Nähe suchen. Manche Menschen beherrschen diese Kunst besonders gut, sie besitzen Charisma und stecken uns mit ihren Emotionen an. Deutlich erleben wir das bei berühmten Entertainern oder Schauspielern, deren Ausstrahlung wir verfallen. Ihr expressives Verhalten reißt uns mit und überträgt ihre Gefühle auf uns. Sie bringen die Synchronie zur Perfektion und haben uns in ihrer Hand.

Solche Personen gibt es auch im alltäglichen Leben, im Bekanntenkreis, in der Familie oder im Job. Wir wissen, dass wir so jemandem gegenüberstehen, wenn er Eindruck auf uns gemacht hat und wir uns noch lange an ihn und das, was er sagte, erinnern. Manche Menschen nutzen den Einsatz von Emotionen ganz bewusst beim Sprechen, um uns von etwas zu überzeugen. Nach dem Motto »der Ton macht die Musik« legen sie zum richtigen Zeitpunkt eine Pause ein, verändern Rhythmus, Lautstärke oder Tonfall. Damit gewinnen sie unsere Aufmerksamkeit und bringen uns dazu, ihnen zuzuhören.

Bei der Selbstdarstellung kommt es in erster Linie darauf an, seine Gefühle offen zu zeigen. Aber nur bis zu einem gewissen Grad. Denn wer über das verträgliche Maß hinausschießt, verdirbt es sich mit seinen Mitmenschen. Ein überschäumendes Wesen wird schnell als Mangel an Selbstkontrolle ausgelegt. Und das lässt auf zwischenmenschliche Schwierigkeiten schließen. Den Schlüssel zu einer guten Selbstdarstellung besitzt, wer den Ausdruck seiner Gefühle kontrollieren und sie hinter einer Maske verstecken kann, sagt Goleman.

Das fällt besonders Frauen nicht immer leicht, da sie einen stärkeren Hang zum Ausdruck ihrer Gefühle besitzen als Männer. Um sich den sozialen Normen anzupassen, müssen sie sich deshalb oft zurücknehmen. Das gilt vor allem im Job. Im privaten Bereich gesteht die Gesellschaft ihnen mehr Freiheit zu. Dort ist es mit der Norm verträglich, wenn sie Gefühle wie etwa Angst und Trauer offen zeigen. Bei Männern wird dasselbe allerdings nicht gutgeheißen. Dürfen Frauen in der Öffentlichkeit weinen, werden Männer dafür schräg angeguckt.

Vorsicht ist geboten bei Menschen, die komplett aus Selbstdarstellung bestehen. Sie verfügen meist über keinerlei innere Substanz und verlassen sich ganz auf ihre Kunst, andere zu blenden. Oft entwickeln wir aber ein Gespür für solche Personen und schaffen es, sie rechtzeitig zu erkennen, bevor wir auf sie hereinfallen.

Einflussnahme

Gewalt ist meist keine wirksame Möglichkeit, um Konflikte zu lösen. Deshalb führt die Reaktion aus dem Bauch heraus in Krisensituationen oft nur zur Konfrontation. Mehr erreicht man durch Selbstkontrolle, wenn man also seinen aggressiven Impulsen einen Dämpfer versetzt. Denn dann kann man konstruktiv Einfluss nehmen auf die Krise, sie entschärfen und die Situation in ruhigeres Fahrwasser lenken.

Bestes Beispiel dafür ist die schon erwähnte Szene mit den beiden Zwölfjährigen, die ihren Klassenkameraden auf dem Weg zum Fußballplatz hänseln. Statt sich von ihnen provozieren zu lassen und einen Streit anzufangen, nimmt der Drangsalierte seinen Peinigern den Wind aus den Segeln und lässt sie auflaufen. Er steht einfach zu seiner Schwäche. Und mehr noch: Er sagt einem der beiden Provokateure, dass er ihn für sein Können beim Fußballspielen bewundert. Damit hat er die Situation gerettet. Den beiden »Angreifern« ist nun klar, dass sie mit ihren Hänseleien keine Chance bei ihrem »Opfer« haben und es damit nicht reizen können. Gleichzeitig ist das Verlangen danach bei ihnen durch das Lob ausgeschaltet.

Einen solchen Einfluss kann nur ausüben, wer sich einer Situation bewusst ist und gleichzeitig die Selbstbeherrschung wahren sowie taktvoll bleiben kann. Seine Emotionen muss er für den Moment ausblenden, da sie ihm sonst in die Quere kommen und ihm sogar gefährlich werden können. Dazu gehört eine starke Persönlichkeit. Solchen Menschen sagt ihre soziale Wahrnehmung, welches Verhalten richtig ist, wann sie etwas nicht ansprechen oder darüber hinwegsehen sollten und wann es besser ist, mit offenen Karten zu spielen.

Wer umsichtig agiert und Rücksicht nimmt, kommt bei seinen Mitmenschen deshalb weiter, als wenn er seinen Gefühlen freien Lauf lässt und impulsiv reagiert. Die Fähigkeit zur Besonnenheit ist der Schlüssel zur Macht darüber, eine Situation zu steuern.

Fürsorglichkeit

Die Grundvoraussetzung allen sozialen Verhaltens ist das Einfühlungsvermögen in andere, die Empathie. Doch diese Fähigkeit allein bringt uns noch nicht dazu, anderen zu helfen oder ihnen Gutes zu tun. Sie ist nur der Anstoß dafür, dass wir diese Fürsorglichkeit entwickeln. Der entscheidende Schritt, der uns zum Handeln veranlasst, hängt jedoch davon ab, wie sehr wir uns in eine notleidende Person hineinfühlen können. Je größer unser Einfühlungsvermögen in andere Menschen, desto stärker achten wir auf ihre Bedürfnisse und verhalten uns dementsprechend. Wer sich emotional leicht »ansteckt« und von anderen mitreißen lässt, wird eher dazu neigen, seinen Mitmenschen zu helfen. Jemand, der diese Fürsorglichkeit weniger spürt, wird die Probleme anderer eher ignorieren.

Stark ausgeprägt ist die Fürsorglichkeit aus biologischen Gründen bei Frauen. Als Mutter müssen sie darauf reagieren können, wenn es ihrem Kleinkind nicht gutgeht, da es noch nicht sagen kann, was ihm fehlt. Ein schreiendes Baby wird bei den meisten Frauen also den Drang auslösen, das Kind auf den Arm zu nehmen und es zu trösten.

Fürsorglichkeit kann sich aber auf verschiedene Art und Weise ausdrücken: Manche spenden Geld für Menschen in Not, andere helfen aktiv und kümmern sich um ihre älteren alleinstehenden Nachbarn, engagieren sich in wohltätigen Vereinen oder Organisationen oder sind ihren Kollegen behilflich. In der Arbeitswelt zeigt sich die Neigung zur Fürsorglichkeit laut Goleman auch darin, dass man bereit ist, für Dinge, die getan werden müssen, die Verantwortung zu übernehmen.

Mangelnde Fürsorglichkeit ist oft ein Zeichen für antisoziales Verhalten. Die Personen mögen sonst zu sozial intelligentem Verhalten fähig sein, aber auf dem Gebiet des Mitgefühls versagen sie. Die Probleme anderer interessieren sie nicht, deren Bedürfnisse lassen sie unberührt, und sie kämen auch nicht auf die Idee, ihnen zu helfen. Die meisten von uns zählen aber glücklicherweise nicht zu diesen Menschen.

Finden Sie nun heraus, wie es um Ihre persönliche soziale Intelligenz bestellt ist. Wo liegen Ihre Schwächen und Ihre Stärken – bei Ihnen selbst und auch im Umgang mit anderen? Welche Fähigkeiten könnten Sie gegebenenfalls noch ein wenig trainieren? Und auf welche Ihrer Kompetenzen dürfen Sie besonders stolz sein? Antworten auf all diese Fragen geben Ihnen die folgenden psychologischen Tests, die speziell dafür entwickelt wurden. Begeben Sie sich auf eine spannende Entdeckungsreise in Ihr eigenes Ich – viel Spaß und Erfolg damit!

Test-Teil

Teil I:
Sind Sie sich selbst
ein guter Freund?

Am stärksten ist,
wer sich selbst beherrscht
(Seneca)

Wie sollen andere uns akzeptieren, gut zu uns sein und uns lieben, wenn wir es selbst nicht tun? Menschenkenntnis ist für viele zu einer komplizierten Wissenschaft geworden, weil sie sich oftmals selbst nicht richtig kennen. Aber wer Probleme mit sich hat, belastet dadurch auch seine Beziehungen zu anderen Menschen. Eine gute Selbstkenntnis ist daher die Voraussetzung für ein intaktes Sozialleben.

Dieser erste Teil des Testes widmet sich deshalb der Frage, wie fürsorglich Sie mit Ihrer eigenen Person umgehen. Sind Sie sicher, dass Sie sich gut behandeln? Oder könnte es sein, dass Sie dazu neigen, sich das Leben schwerzumachen und sich Chancen zu verbauen? Hier erfahren Sie es. Und dazu auch gleich, wie Sie gegensteuern können.

Test 1: Wie gehen Sie mit sich selbst um?

»Erst die Arbeit, dann das Vergnügen« – nach diesem Motto leben viele Menschen. Gehören Sie womöglich auch zu diesen Selbstquälern? Antworten Sie auf die folgenden Aussagen mit »Ja« oder »Nein«.

1 Nach Feierabend erledige ich oft noch viel im Haushalt. _____ ☒ Ja ☐ Nein

2 Je mehr Stress ich habe, desto wohler fühle ich mich. _____ ☒ Ja ☐ Nein

3 Beim Sport gehe ich gerne bis an die Grenzen der Belastbarkeit. _____ ☐ Ja ☒ Nein

4 Wenn ich mich krank fühle, gehe ich oft nicht sofort zum Arzt. _____ ☒ Ja ☐ Nein

5 Unrecht weckt meinen Kampfgeist. _____ ☒ Ja ☐ Nein

6 In der Schule hatte ich mehr Ärger mit den Lehrern als meine Mitschüler. _____ ☐ Ja ☒ Nein

7 Ich bin Perfektionist auf allen Gebieten. Die geringste Unordnung macht mich unglücklich. _____ ☒ Ja ☒ Nein

8 Von der Wahrheit weiche ich kein Stück ab, auch wenn ich mir damit Feinde mache. _____ ☒ Ja ☐ Nein

9 Meine eigenen Interessen kann ich nur schlecht vertreten, aber für andere kämpfe ich. _____ ☐ Ja ☒ Nein

10 Ich nehme oft Fehler auf mich, die andere begangen haben. _____ ☐ Ja ☒ Nein

11 Meine Sünden bestrafe ich hart und konsequent. _____ ☐ Ja ☒ Nein

12 Mein Gewissen sagt mir ständig, dass ich mich ändern muss. _____ ☐ Ja ☒ Nein

13 Wenn ich nichts zu tun habe, werde ich unruhig. _____ ☒ Ja ☐ Nein

14 In meinem Leben gibt es ständig Krisen. _____ ☐ Ja ☒ Nein

15 Selbst wenn es mir eigentlich schlechtgeht, fühle ich mich wohl in meiner Haut. _____ ☐ Ja ☐ Nein

16 Wünsche verkneife ich mir fast immer. _____ ☐ Ja ☒ Nein

Das bedeutet Ihr Ergebnis

Bitte geben Sie sich für jedes »Ja« einen Punkt.

Mehr als 12 Punkte: Sie gehen viel zu unsanft mit sich um. Denn Sie fordern von sich sehr viel – allerdings auch von anderen Menschen. Dabei nehmen Sie selten Rücksicht auf Konsequenzen. Das ist mutig und tapfer. Aber Hand aufs Herz: Sie suchen sich die Gefahren meist selbst. Und schaffen sich manchmal durch Uneinsichtigkeit erst Probleme, die Sie dann mit Löwenmut lösen müssen. Weil Sie erst bei Krisen so richtig aufblühen. Für Sie wäre es empfehlenswert, etwas weniger hart mit sich und anderen umzuspringen. Sie werden sehen, sobald Sie fürsorglicher zu sich selbst sind und Ihr Leben mehr genießen, wird das Ihre Beziehungen zu anderen Menschen positiv beeinflussen. Weil Sie dann auf andere gar nicht mehr so kompromisslos und streng wirken, sondern auch mal Ihre weichen Seiten zeigen.

7 bis 11 Punkte: Sie sind in den Stürmen des Lebens erprobt und suchen Herausforderungen. Nur wenn Sie sich durch Leistungen bewährt haben, sind Sie davon überzeugt, ein wertvoller Mensch zu sein. Hohe Ansprüche an sich selbst,

Fleiß und Pflichtgefühl sind selbstverständlich etwas sehr Ehrenwertes. Trotzdem sollten Sie bei Ihren Anforderungen dann und wann fünfe gerade sein lassen. Das sorgt dafür, dass Sie etwas gelassener und entspannter werden – mit sich selbst und im Umgang mit anderen.

Weniger als 7 Punkte: Glückwunsch – Sie gehen wirklich sanft mit sich um. Für Sie ist es sinnlos, sich (und anderen) das Leben schwerzumachen. Und Sie haben es nicht nötig, den Helden zu spielen. Statt sich also in Krisen zu beweisen, streben Sie erfolgreich danach, solche unerfreulichen Situationen gar nicht erst entstehen zu lassen. Und das hat nichts mit Feigheit, sondern viel mit Umsicht und Klugheit zu tun. Weiter so, Sie machen alles richtig!

Test 2: Können Sie gut allein sein?

Man kann nicht zu jeder Zeit mit jedem Menschen gut Freund sein. Selbst die Beziehungen zum Partner, zu den Eltern oder den Kindern leben vom Wechsel zwischen Nähe und Distanz. Und das erfordert, dass wir es zeitweise allein aushalten, ohne uns einsam zu fühlen. Wie sieht es damit bei Ihnen aus? Kommen Sie mit dem Alleinsein zurecht oder hängt Ihr Wohlbefinden sehr von der Gunst anderer Menschen ab? Bitte antworten Sie mit »Ja« oder »Nein«.

1 Ein Tag ohne andere Menschen ist meist ein verlorener Tag. _____ ☐ Ja ☒ Nein

2 Ich sage es meinen Zeitgenossen, wenn sie sehr große Fehler machen. _____ ☒ Ja ☐ Nein

3 Wenn ich allein bin, esse oder trinke ich mehr als ich sollte. _____ ☒ Ja ☐ Nein

4 Wenn jemand mich lange nicht angerufen hat, melde ich mich unter einem Vorwand bei ihm. ☒ Ja ☒ Nein

5 Ich pflege Kontakte mit Personen, die mir eigentlich gleichgültig sind – nur so zum Reden. _____ ☐ Ja ☒ Nein

6 Ich frage Menschen bei jedem Wiedersehen, wie es ihnen geht. _____ ☐ Ja ☒ Nein

7 Wenn ich »Wie geht's?« gefragt habe, höre ich der Antwort auch genau zu. _____ ☒ Ja ☐ Nein

8 Ein Tag, an dem ich nur faul herumgehangen habe, ist ein verlorener Tag. _____ ☐ Ja ☒ Nein

9 Ich halte meine Wohnung so sauber, dass ich nur zweimal im Jahr groß putzen muss. _____ ☒ Ja ☐ Nein

10 Wenn ich fernsehe, habe ich Gewissensbisse. ☐ Ja ☒ Nein

11 Schlechte Manieren bei anderen lassen mich
den Kontakt abbrechen. _____ ☐ Ja ☒ Nein

12 Ich bin immer gepflegt, auch wenn ich keinen
Besuch erwarte. _____ ☒ Ja ☐ Nein

13 Ich habe stets etwas zum Anbieten im Haus. _ ☒ Ja ☐ Nein

14 Auf meinem Tisch liegt immer ein Buch, in
dem ich gern lese. _____ ☒ Ja ☐ Nein

15 Wenn sich niemand um mich kümmert, geht
es mir gesundheitlich etwas schlechter. _____ ☐ Ja ☒ Nein

Das bedeutet Ihr Ergebnis

Bitte geben Sie sich einen Punkt für jedes »Ja« bei Nr. 2, 4, 6, 7, 9, 12, 13, 14 und für jedes »Nein« bei Nr. 1, 3, 5, 8, 10, 11, 15.

Weniger als 5 Punkte: Sie ahnten es vermutlich schon: Sie sind sehr ungern allein. Achten Sie daher in Zukunft ein wenig mehr darauf, Ihr Kontaktbedürfnis auf möglichst viele Menschen zu verteilen. Denn ein einziger könnte damit überfordert werden – und sich zurückziehen.

5 bis 10 Punkte: Sie kommen durchaus allein zurecht, aber Gesellschaft ist Ihnen lieber. Dabei neigen Sie manchmal dazu, Menschen zu wichtig für Ihr Wohlbefinden zu nehmen. Bedenken Sie, dass Sie auch ohne die Gunst anderer Leute etwas wert sind.

Mehr als 10 Punkte: Sie beherrschen die Kunst des Alleinseins perfekt. Sie fühlen sich niemals einsam, wenn niemand da ist. Und falls das doch einmal passiert, dann finden Sie von sich aus spielend den Weg zu anderen Menschen.

Test 3: Kennen Sie Ihre heimlichen Feinde?

Sind Sie freundlich und offen zu Leuten, die Sie eigentlich etwas mehr auf Distanz halten sollten? Dieser Test sagt Ihnen, wer damit gemeint sein könnte. Denken Sie bei den Fragen an eine bestimmte Person, hier Person X genannt. Und wählen Sie bitte jeweils eine von drei Antwortmöglichkeiten aus.

1 Person X ruft früh am Vormittag an, um sich für einen Besuch in zehn Minuten anzukündigen. Sie sind noch mitten bei der Hausarbeit und denken:

a Es muss etwas Schlimmes passiert sein, wenn Person X kurzfristig vorbeikommt.
b Peinlich. Alles ist hier noch unaufgeräumt.
c Gepfiffen auf die Unordnung. Ich freue mich auf den Besuch.

2 Sie machen sich in den verbleibenden zehn Minuten noch etwas hübsch. Warum?

b Weil ich mich dann sicherer fühle.
a Um einen guten Eindruck zu machen.
c Aus Vorfreude.

3 Wie ist Ihre Gemütslage, wenn Person X klingelt?

c Ich bin neugierig.
b Ich fühle mich belästigt.
a Ich bin nervös.

4 Person X entschuldigt sich für den viel zu frühen und unangemeldeten Besuch. Sie sagen:

c »Ich freue mich über Ihren Besuch.«
a »Sorry, dass die Wohnung noch unaufgeräumt ist.«
b »Worum geht's zu dieser frühen Stunde?«

5 Sie merken, dass Person X nur zum Plaudern gekommen ist. Sie wollen eigentlich weiterarbeiten. Was sagen Sie?

b Ich formuliere einen freundlichen »Rausschmiss«: »Ich bin mitten in der Hausarbeit. Ich koche uns einen Kaffee, aber dann muss ich weitermachen.«

a Ich gebrauche eine Notlüge: »Ich muss leider in einer Stunde in der Stadt beim Zahnarzt sein.«

c Ich sage die Wahrheit: »Wir können ein wenig reden, aber ich mache dabei meine Hausarbeit weiter.«

6 Person X bietet an, Ihnen bei der Hausarbeit zu helfen. Sie lehnen ab, weil

a Sie sich genieren, wenn dieser Mensch sieht, wo es bei Ihnen überall unordentlich ist.

b der Besuch dann noch länger dauern würde.

c kein gutes Gespräch aufkommt, wenn zwei Leute nebenbei beschäftigt sind.

7 Person X fragt nach Ihrer Gesundheit. Sie antworten

a mit einer Floskel (»Danke – es geht mir bestens«).

b mit einer Gegenfrage (»Danke – und wie geht es Ihnen?«).

c mit einer ehrlichen Auskunft.

8 Sie erzählen Person X von einem kleinen persönlichen Erfolg. Welche Reaktion erwarten Sie am ehesten?

a überschäumende Mitfreude

c persönliche Freude, nicht nur Mitfreude

b Mitfreude – bei der aber auch etwas Missgunst zu spüren ist

36

9 Sie entdecken auf der Tischdecke einen Fleck. Was tun Sie?

`c` Ich lache.

`a` Ich stelle etwas darüber: eine Tasse oder eine Blumenvase.

`b` Ich erkläre, dass der Fleck gestern Abend spät und unbemerkt entstanden sein muss.

10 Person X macht einen Scherz, den Sie nicht lustig finden.

`b` Ich bleibe ernst.

`c` Ich erzähle selbst etwas Lustiges.

`a` Ich lache aus Höflichkeit.

11 Person X fragt, ob sie trotz der frühen Stunde einen kleinen Cognac bekommen könnte.

`b` Ich bringe die Flasche und nur ein Glas für Person X.

`a` Ich bringe die Flasche und zwei Gläser.

`c` Ich biete Person X an, einen kräftigen Vitamin-Cocktail zu machen.

12 Person X erzählt etwas Negatives über einen gemeinsamen Bekannten.

`a` Ich höre mir das geduldig an.

`b` Ich sage: »Lassen Sie uns doch nicht über Dritte reden.«

`c` Ich setze etwas Positives über diesen Menschen dagegen.

13 Das Telefon klingelt. Eine gute Freundin ist am Apparat.

`c` Ich frage Person X, wann sie geht, und verabrede mit der Freundin einen Telefontermin.

`b` Ich rede ausführlich mit der Freundin.

`a` Ich sage Ihr, dass ich jetzt Besuch habe und später zurückrufe.

14 Person X verabschiedet sich und fragt, wann man sich wiedersehen kann. Sie antworten:

c »Jederzeit.«

a »Wir sollten telefonieren und einen Termin ausmachen.«

b »Ich rufe in nächster Zeit einmal an.«

Das bedeutet Ihr Ergebnis

Sie haben überwiegend c angekreuzt: Heimliche Feinde haben Sie nicht. Denn Sie können die Menschen realistisch einschätzen. Sicher sind einige darunter, die Sie nicht zu Ihren Freunden zählen dürfen. Aber die kennen Sie genau und gehen genügend auf Abstand. Darüber hinaus besitzen Sie das Talent, auch schwierige Situationen positiv zu gestalten. Weil Sie sich in der Gegenwart anderer Menschen frei und sicher fühlen, können Sie sich immer so geben, wie Sie wirklich sind und fühlen. Dadurch entsteht Vertrauen, mit Ihnen kann man also auch über Fehler und Schwierigkeiten offen sprechen. »Hintenherum« muss deshalb niemand über Sie reden. Die Gefahr, dass jemand Intrigen gegen Sie spinnt, ist daher relativ gering.

Sie haben überwiegend b angekreuzt: Die Menschen verhalten sich Ihnen gegenüber meist nett und freundlich. Etwas Vorsicht wäre trotzdem angebracht. Denn Sie sind ein bisschen zu vertrauensselig. So denken Sie beispielsweise, dass alle nur Ihr Gutes wollen und auf Ihrer Seite stehen. Offen, wie Sie nun einmal sind, lassen Sie sich manchmal auch ausfragen, und das kann sich nachteilig auswirken. Menschen suchen häufig den Kontakt zu Ihnen, weil Sie interessant sind – aber leider eben nicht immer, weil sie es auch ehrlich mit Ihnen meinen. So hart es klingt: Für solche Leute sind Sie austauschbar, die können Sie getrost als Feinde betrachten. Denn sie enttäuschen Ihr Vertrauen, reden hinter Ihrem Rücken über Sie und tratschen weiter, was Sie privat erzählt haben.

Sie haben überwiegend [a] **angekreuzt:** Sie haben Feinde und merken es gar nicht. Weil Ihnen Harmonie sehr wichtig ist, sind Sie sehr anpassungsfähig. Doch begegnet Ihnen jemand auf freundschaftlich-vertraute Weise, erliegen Sie viel zu schnell seinem Einfluss. Manche Menschen suchen aber zu Ihnen kein Verhältnis auf gleicher Augenhöhe. Stattdessen möchten sie in Ihr Leben hineinregieren und Ihnen sagen, was Sie tun oder denken sollten. Das alles angeblich nur zu Ihrem Besten. Solche »Freunde« allerdings entpuppen sich immer als heimliche Feinde. Zwar zeigen sie uns ein freundliches Gesicht. Aber gleichzeitig nutzen sie uns seelisch aus. Was sie suchen, ist lediglich Selbstbestätigung. Jedes Gespräch mit ihnen endet damit, dass sie sich besser fühlen, aber man selbst nicht recht weiß, woran man bei ihnen ist. Lassen Sie sich also nicht länger manipulieren, wahren Sie zukünftig Abstand, wenn jemand es verdächtig »gut« mit ihnen meint.

Test 4: Bringen Sie zu viele Opfer für andere?

Nur wer sich selbst liebt, kann auch Liebe geben. Doch die Opferbereitschaft für andere darf nicht so weit gehen, dass man selbst dabei zu kurz kommt. Halten Sie die richtige Balance? Entscheiden Sie sich bitte bei den Fragen jeweils für eine von drei Antwortmöglichkeiten.

1 Wenn ich am Morgen aus dem Haus gehe,

a ziehe ich mich an, wie ich mich fühle: mal aufgestylt, mal leger.

c kann es schon mal passieren, dass ich nicht ganz proper aussehe.

b bin ich immer perfekt gekleidet und gepflegt.

2 Wenn ich Sekt getrunken habe, bin ich

c häufig ein bisschen beschwipst und deshalb auch viel fröhlicher als sonst.

b noch etwas aufgekratzter, als ich ohnehin schon bin.

a eigentlich nicht wesentlich anders als sonst auch.

3 Wie entspannen Sie am besten?

a Ich setze mich irgendwohin und schließe die Augen.

c Durch einen langen Spaziergang.

b Durch ein Bad mit angenehmen Duftessenzen.

4 Bei einem Essen mit Freunden stoßen Sie versehentlich ein Rotweinglas um. Wie ist im Normalfall Ihre Reaktion in so einer Situation?

c Ich lache über mich selbst.

b Ich zeige ganz deutlich, wie unangenehm mir das ist, und entschuldige mich.

a Ich versuche, meine peinliche Lage zu überspielen.

5 Wie viel Zeit nehmen Sie sich normalerweise für Ihr Frühstück?

[c] Etwa 10 bis 20 Minuten, das genügt mir völlig.
[a] Für mehr als 10 Minuten habe ich nie Zeit.
[b] Mehr als 20 Minuten, das gönne ich mir schon.

6 Kennt Ihr Partner Ihre Ängste und Träume?

[c] Ja, aber wir reden nicht so häufig darüber.
[a] Einige, die ich beiläufig angesprochen habe.
[b] Alle – und zwar wirklich bis ins kleinste Detail.

7 Wie würden Sie eine große Erbschaft feiern?

[b] Gar nicht, das kostet schließlich mein Geld.
[a] Mit einer großen Party für viele Gäste.
[c] Mit meiner Familie und guten Freunden.

8 Denken Sie in der Freizeit oft an Ihre Arbeit?

[b] Nein, da kann ich sehr gut abschalten.
[c] Nur, wenn gerade etwas Wichtiges anliegt.
[a] Ja, davon kann ich mich nur schlecht lösen.

9 Sie haben sehr viel zu tun, machen Sie trotzdem eine Pause?

[b] Auf jeden Fall, manchmal sogar mehrere.
[a] Nein, dafür habe ich dann keine Ruhe.
[c] Gelegentlich schon.

10 Wenn Sie einen Hund hätten: Was wäre Ihnen an ihm wichtig?

[a] Disziplin und Gehorsam.
[b] Ein gutes Aussehen und eine edle Erscheinung.
[c] Er sollte halb Spiel- und halb Wachhund sein.

11 Eine Nachbarin braucht für fünf Minuten Ihre Hilfe, Sie sind in Eile. Was tun Sie?

☐c Ich gehe ihr etwas widerwillig zur Hand.
☐a Ich helfe ihr natürlich.
☒b Ich sage klipp und klar: »Das geht jetzt nicht.«

12 Sie wollen ins Kino, aber Ihrem Partner geht es nicht gut. Wie verbringen Sie den Abend?

☒b Ich bleibe bei ihm.
☐a Ich gehe allein aus.
☐c Ich überrede ihn, trotzdem mitzugehen.

13 Hatten Sie als Kind ein Lieblingsbuch?

☐c Ich hatte nicht ein einziges, sondern gleich mehrere Lieblingsbücher.
☒a Nein. Für mich waren alle gleich spannend.
☒b Ja. Und ich weiß auch heute noch, welches es war.

Das bedeutet Ihr Ergebnis

Sie haben überwiegend ☐a **angekreuzt:** Sie opfern zu viel für andere. Dementsprechend lieben und verwöhnen Sie sich selbst zu wenig. Kommt das doch einmal vor, dann haben Sie gleich ein schlechtes Gewissen. Häufig sind Sie überstreng und kritisch mit Ihrer Person, Ihren Leistungen und dem Leben im Ganzen. Dann wieder zeigen Sie eine erstaunliche Toleranz sich selbst gegenüber, lassen sich dadurch sogar zu sehr gehen. So ein widersprüchliches Verhalten ist typisch für Menschen, die in der Kindheit unter strengen Eltern gelitten haben. Häufig war die Erziehung unberechenbar: mal lieb und verständnisvoll, dann wieder überraschend hart. In gewisser Weise behandeln Sie sich also heute so, wie Sie damals von Ihren Eltern behandelt wurden. Zwar verwöhnen Sie sich manchmal, aber zu oft mit Gewissensbissen. An diesem Punkt sollten Sie ansetzen. Sagen Sie sich regelmäßig: »Ich habe ein Recht darauf, dass es mir gutgeht und dass ich es mir schön mache.« Genießen Sie Ihr Leben, setzen Sie sich ganz bewusst kleine Highlights. Und disziplinieren Sie sich, wenn es nötig ist. So finden Sie Schritt für Schritt zu einem ausgewogeneren Verhältnis zwischen Opferbereitschaft und Egoismus.

Sie haben überwiegend b angekreuzt: Sie lieben und verwöhnen sich zwar, dennoch bleiben viele Ihrer Wünsche offen und Sie empfinden nur selten echte Zufriedenheit. Die Ursache dafür ist, dass Sie relativ abhängig sind von den Aufmerksamkeiten anderer Leute. Solange Ihre Mitmenschen Sie mögen und Ihnen das auch zeigen, fühlen Sie sich richtig gut. Wenn diese Bestätigung ausbleibt, kommen Ihnen sofort Zweifel an sich selbst. Mit so einer Haltung machen Sie sich Ihr Leben unnötig schwer. Denn das Urteil anderer ist selten objektiv und verlässlich. Versuchen Sie also, sich öfter davon frei zu machen, und geben Sie nicht mehr so viel auf Lob und Kritik von außen. Tun Sie stattdessen häufiger das, was Sie wirklich wollen. Bislang haben Sie sich das nie getraut, weil Sie dachten, Sie würden damit anecken. Doch je überzeugender und nachdrücklicher Sie Ihre Interessen in Zukunft vertreten, desto leichter wird Ihr Umfeld akzeptieren, dass Sie ab und auch nur mal an sich selbst denken.

Sie haben überwiegend c angekreuzt: Für Sie hat gesunde Selbstliebe nichts mit Egoismus zu tun. Das macht es Ihnen leicht, die Balance zu halten zwischen Ihren persönlichen Bedürfnissen und der Sorge für Ihre Mitmenschen. Dadurch können Sie gut zu sich selbst sein und gleichzeitig anderen viel Liebe entgegenbringen. Mitmenschliche Schwächen nehmen Sie mit Humor und sind mit sich und der Welt im Reinen. Wo Sie eine Möglichkeit sehen, positiv Einfluss zu nehmen, tun Sie das. Aber Sie hadern nicht mit dem Schicksal, wenn Sie etwas mal nicht ändern können. Ein so ausgeglichener Charakter wie Sie es sind, kann sich und anderen viel Glück und Zufriedenheit schenken.

Test 5: Geben Sie sich zu selbstbewusst?

Manche Menschen strotzen nur so vor Selbstbewusstsein. Ungefragt übernehmen Sie häufig sogar die Rolle des Anführers. Zwar kommen sie damit meist durch, fallen aber dennoch nicht immer nur angenehm auf. Andere dagegen halten sich in Gesellschaft sehr zurück, weil sie Hemmungen haben. Zu welchem Typ gehören Sie? Sind Sie extrem selbstsicher oder schlagen Sie lieber leisere Töne an? Bitte kreuzen Sie alle Aussagen an, denen Sie zustimmen, beziehungsweise die auf Sie zutreffen.

- ☒ Ich schaue anderen Menschen immer ins Gesicht.
- ☒ Ich lache meist früher und lauter als die anderen Leute.
- ☒ Witze über Ausländer oder Minderheiten finde ich peinlich.
- ☒ Zu Hause laufe ich so freizügig herum, dass man mich schon mal nackt sehen kann.
- ☒ Ich trage, was ich chic finde – auch wenn es mir nicht immer steht.
- ☒ Ich singe oft, auch laut und manchmal falsch.
- ☒ Wenn Besucher absolut nicht gehen wollen, komplimentiere ich sie hinaus.
- ☐ Meinem Vorgesetzten widerspreche ich öfter mal aus Prinzip. Auch wenn er recht hat.
- ☒ Im Job sorge ich dafür, dass dann und wann gefeiert wird.
- ☒ Wenn ich meine alberne Phase habe, kann man mich nur schwer zu Ruhe und Ordnung bringen.
- ☒ Bei Kummer heule ich auch schon mal los – egal, was die Leute denken.
- ☐ Ärger und Frust behalte ich nicht für mich. Ich kann richtig schimpfen, jammern und stöhnen.
- ☐ Auf Partys halte ich mich nie zurück, da wird geprasst und genossen.
- ☐ Ich achte auf meine festen Pausenzeiten – auch wenn es anderen nicht passt.

☐ Als Kind habe ich mich selbst gemocht. Und ich finde mich immer noch ganz toll.

☑ Meine eigenen Fehler verzeihe ich mir. Ich bin zu mir so tolerant wie zu jedem anderen.

☐ Wenn ich mal Angst habe, zeige ich das offen.

☑ Manchmal bin ich ungerecht. Deshalb gehe ich aber nicht in Sack und Asche.

☑ Wenn ich mit anderen rede, berühre ich sie öfter mal am Arm oder am Ärmel.

Das bedeutet Ihr Ergebnis

Bitte geben Sie sich für jede angekreuzte Aussage einen Punkt.

Weniger als 7 Punkte: Sie haben – oder Sie zeigen – zu wenig Selbstbewusstsein. »Was denken die Leute?«, diese Frage ist für Sie viel zu wichtig. Sie halten sich zurück, auch wenn Sie innerlich ganz anders fühlen und achten nur darauf, bei niemandem anzuecken. Wer sich selbst ständig dermaßen bremst, macht sich das Leben unnötig schwer. Und was Sie vielleicht übersehen: Mit Ihrer zurückhaltenden Art tun Sie anderen gar keinen so großen Gefallen, wie Sie hoffen. Denn so rücksichtsvoll, wie Sie sind, zwingen Sie Ihre Mitmenschen unbewusst dazu, auch Ihnen gegenüber extrem vorsichtig zu sein. Riskieren Sie ruhig einmal, etwas mehr aus sich herauszugehen und Ihre eigene Meinung laut und vernehmlich zu vertreten. Denn wenn man Sie nicht mehr wie ein rohes Ei behandeln muss, werden Ihre Mitmenschen viel lockerer im Umgang mit Ihnen werden.

7 bis 11 Punkte: Sie zeigen Selbstbewusstsein. Manchmal kommt es Ihnen vielleicht sogar so vor, als wären Sie richtiggehend frech. Aber keine Sorge, das täuscht. Trotzdem gibt es

Situationen, in denen Sie ein bisschen zu forsch auftreten. Das liegt in Ihrem Fall aber nicht an zu viel, sondern sogar an etwas zu wenig Selbstbewusstsein. Denn wenn Ihnen etwas gegen den Strich geht, warten Sie häufig schlichtweg viel zu lange ab, bis Sie sich wehren. Kein Wunder, dass Ihre Reaktionen dann ab und an etwas heftiger ausfallen. Sie sollten Ihrer Umwelt daher noch früher und deutlicher zeigen, wo Ihre Grenze liegt. Dadurch entschärfen Sie jede Krise bereits im Ansatz und müssen gar nicht mehr »explodieren«. Das wird Ihnen den Umgang mit Ihren Mitmenschen künftig spürbar erleichtern.

Mehr als 11 Punkte: Sie haben jede Menge Selbstbewusstsein. Bei Ihnen ist niemand im Zweifel, wie weit er gehen kann. Und wenn es doch einmal geschieht, nehmen Sie das nicht als persönlichen Angriff, der Sie umwirft, sondern Sie können locker und sachlich auf solche Grenzverletzungen reagieren. Ihr Geheimnis: Sie kümmern sich deutlich weniger als andere um das, was »die Leute« sagen. Sie ruhen wirklich in sich selbst und lassen sich daher eben nicht ständig von außen beeinflussen. Das ist echtes Selbstbewusstsein. Von daher kann Ihnen niemand den Vorwurf machen, dass Sie zu »kess« oder zu »vorlaut« sind.

Test 6: Können Sie genießen?

Diese Situation kennen Sie sicher: Ihr Alltag wird mal wieder von zu viel Frust und zu wenig Spaß diktiert. Stellen Sie sich nun vor, Sie bekommen eine Woche Auslands-Urlaub mit einem anderen Menschen geschenkt. Sie sind befreundet, verheiratet oder verliebt. Bitte kreuzen Sie an, was für Sie zu solch einer Reise gehört.

- [x] Mal nicht auf die Bekleidung achten müssen.
- [x] Endlich allen Zwang zur Etikette ablegen.
- [x] Mich komplett in mich zurückziehen können.
- [ ] Radio, CD, TV genießen, ganz viel Musik hören.
- [x] Endlich mal wieder meine Hobbys ausüben.
- [x] Geld auf den Kopf hauen, sich möglichst jeden Luxus gönnen.
- [x] Stunden später aufstehen als an normalen Tagen.
- [x] Fotografieren, Videos machen.
- [x] Neue Städte und Landschaften kennenlernen.
- [x] Eine große Tischrunde mit Fremden organisieren.
- [ ] Kirchen, Museen, Kulturdenkmäler anschauen.
- [x] Ein paar schöne Bücher lesen.
- [ ] Das Fernsehprogramm im Gastland gucken – auch wenn man die Sprache nicht versteht.
- [x] Nachrichten aus der Heimat verfolgen.
- [ ] Die deutschen Lieblings-Fernsehsendungen über Satellit auch im Urlaub anschauen.
- [x] Ganz viele Postkarten schreiben.
- [ ] Auch denen schreiben, bei denen man sich das ganze Jahr über nicht gemeldet hat.
- [x] Mitbringsel für die Daheimgebliebenen kaufen.
- [x] Über exotische Märkte bummeln.
- [x] Shoppen gehen, ohne auf den Cent zu achten.
- [x] Über das Leben der letzten Monate nachdenken.
- [ ] Viele neue Kneipen und Lokale ausprobieren.
- [x] Pläne für die Zeit nach dieser Urlaubswoche machen.

- [ ] Am Urlaubsort möglichst viele andere Menschen kennenlernen.
- [ ] Gemeinsame Ausflüge in möglichst großer Gruppe machen.
- [ ] Neue Bekanntschaften für die Zeit nach dieser einen Woche knüpfen.
- [ ] Abends lange ausgehen.
- [ ] Gut essen, richtig prassen.
- [ ] Viel Alkohol trinken.
- [ ] Überhaupt »die Sau rauslassen«.

Das bedeutet Ihr Ergebnis

Bitte geben Sie sich für jede angekreuzte Aussage einen Punkt.

Mehr als 20 Punkte: Sie packen Ihre Zeit randvoll mit Erlebnissen, Eindrücken und Aktivitäten. Aber manchmal ist weniger einfach mehr. Bei Ihnen besteht nämlich die Gefahr, dass Sie gar nicht mehr innehalten, kaum mehr Muße haben für wirklich private Augenblicke allein oder zu zweit. Achten Sie darauf, jeden einzelnen Moment wirklich mit allen Sinnen zu genießen. Das ist meistens befriedigender, als haufenweise schöne Ereignisse aneinanderzureihen, an denen man sich dann gar nicht mehr richtig freuen kann, weil die Eindrücke einen förmlich erschlagen.

10 bis 20 Punkte: Sie finden eine hervorragende Balance zwischen Anregung und Konzentration auf das Wesentliche. Gelegentlich stürzen Sie sich ins Getümmel und lassen die Puppen tanzen. Aber ebenso gut beherrschen Sie die Kunst, sich wie ein Kind an einer winzigen Kleinigkeit zu erfreuen, die niemandem außer Ihnen jemals auffallen würde. Dieser raffinierte Verhaltens-Mix kennzeichnet Sie als wahren Genießer.

Weniger als 10 Punkte: Sie sind ein Meister der Selbstbeschränkung, konzentrieren sich vor allem auf sich selbst. Nun gilt es zwar als Zeichen großer Weisheit, »weltliche Dinge« möglichst auszublenden. Und diese Weisheit will Ihnen niemand absprechen. Aber Ihre Mitmenschen treiben Sie mit so viel Kontemplation und Askese manchmal doch zur Verzweiflung. Normale Erdenbürger brauchen nämlich auch mal Anregung und Zerstreuung. Keine Sorge, Sie werden ein Genießer bleiben – selbst wenn Sie künftig dann und wann der einen oder anderen seichten Versuchung erliegen …

Test 7: Sind Sie zu zurückhaltend?

Zurückhaltung gilt als vornehm. Andererseits heißt es: Frechheit siegt. Stimmt bei Ihnen die Mischung oder könnten Sie durch mutigeres Auftreten Ihre Ziele leichter erreichen? Entscheiden Sie sich bitte bei den Fragen jeweils für eine von drei Antwortmöglichkeiten.

1 An der Supermarktkasse drängelt sich jemand vor:

☐ Ich schlucke meinen Ärger herunter,
ich habe ja Zeit. _____ 1 Punkt

☐ Ich warte, ob jemand meckert. Wenn nicht,
tue ich es. _____ 2 Punkte

☒ Ich sage dem Drängler, er solle sich gefälligst
anstellen. _____ 3 Punkte

2 Sie müssen bei einer großen Familienfeier eine Rede halten:

☐ Das liegt mir, ich sage gern zu. _____ 3 Punkte

☒ Das ist nichts für mich, ich schlage einen anderen
Redner vor. _____ 1 Punkt

☒ Findet sich niemand sonst, lasse ich mich breit-
schlagen. _____ 2 Punkte

3 Auf ein Streitgespräch

☒ lasse ich mich nur ein, wenn es mir wichtig
genug ist. _____ 2 Punkte

☐ springe ich sofort an, ich lasse mir nichts
gefallen. _____ 3 Punkte

☐ verzichte ich, ich will meine Ruhe. _____ 1 Punkt

4 Wenn jemand für mich eine Rechnung im Restaurant bezahlt, finde ich

- ☑ das ganz in Ordnung. _____ 2 Punkte
- ☐ dass ich dann unselbständig wirke. _____ 1 Punkt
- ☐ dass es die natürlichste Sache der Welt ist. _____ 3 Punkte

5 Ich trage Kleidung, die mir gefällt,

- ☑ nur dann, wenn sie mir auch steht. _____ 1 Punkt
- ☑ egal ob sie meinem Typ schmeichelt oder nicht. ___ 3 Punkte
- ☐ wenn sie gerade in Mode ist. _____ 2 Punkte

6 Wenn mir ein anderer Autofahrer die Parklücke wegschnappt,

- ☐ hupe ich empört, fahre aber weiter. _____ 2 Punkte
- ☑ ärgere ich mich nur im Stillen. _____ 1 Punkt
- ☐ steige ich aus und sage dem Typen ordentlich die Meinung. _____ 3 Punkte

7 Wenn meine Sitznachbarn im Kino ständig quatschen,

- ☑ bitte ich sie leise um Ruhe. _____ 2 Punkte
- ☐ bin ich genervt, sage aber nichts. _____ 1 Punkt
- ☐ fordere ich sie laut auf, endlich die Klappe zu halten. _____ 3 Punkte

8 Können Sie spontan Ihre fünf besten Eigenschaften nennen?

☐ Ja, und auch noch ein paar mehr. _____ 3 Punkte

☒ Ich denke, so viele hab ich in etwa. _____ 2 Punkte

☐ Fünf Stück bekomme ich nie zusammen. _____ 1 Punkt

9 Ihr Arbeitsteam wird gelobt, wie reagieren Sie?

☒ Ich sage, dass die anderen den Löwenanteil
geleistet haben. _____ 1 Punkt

☒ Ich nehme das Lob dankend an. _____ 2 Punkte

☐ Ich stelle meinen eigenen Anteil an diesem Erfolg
sehr deutlich heraus. _____ 3 Punkte

10 Meinem Chef widerspreche ich, wenn

☒ er einen groben Fehler gemacht hat. _____ 1 Punkt

☐ er mich nervt. _____ 2 Punkte

☐ mich ärgert, dass er recht hat. _____ 3 Punkte

Das bedeutet Ihr Ergebnis
Bitte zählen Sie alle Punkte zusammen.

Unter 14 Punkten: Sorry, aber Sie sind viel zu brav. Zwar legen Sie theoretisch sehr viel Wert darauf, sich zu behaupten. In der Praxis allerdings halten Sie sich oft zu sehr zurück. Und das, obwohl Sie so manches Mal innerlich ganz anders fühlen. Geben Sie in Zukunft also weniger darauf, was andere denken oder ob Sie mit Ihrer Haltung womöglich anecken könnten. Trumpfen Sie lieber mal auf, so kommen Sie schneller und direkter ans Ziel.

14 bis 22 Punkte: Keine Sorge, Sie sind nicht zu zurückhaltend. Im Gegenteil, Sie zeigen gesundes Selbstbewusstsein. Denn Sie signalisieren Ihren Mitmenschen immer recht deutlich, was Sie gut finden und was Ihnen nicht passt. Das macht den Umgang mit Ihnen relativ einfach und angenehm. Schließlich weiß jeder, woran er bei Ihnen ist – weiter so!

Mehr als 22 Punkte: Niemand kann Ihnen vorwerfen, dass Sie zu wenig von sich preisgeben. Aus Ihrem Herzen machen Sie wahrlich keine Mördergrube. Und Sie verstehen es, sich ins rechte Licht zu rücken. Bleiben Sie aber bitte trotzdem sensibel im Umgang mit anderen. Denn nicht jeder wird mit Ihrer extrem offenen Art klarkommen. Und das könnte Sie Sympathien kosten.

Test 8: Sind Sie emotional ausgeglichen?

Geht Ihr Temperament häufig mit Ihnen durch? Das könnte die Beziehungen zu anderen belasten. Sollten Sie also Ihre Launen weniger ausleben – oder besteht diese Gefahr bei Ihnen gar nicht erst? Finden Sie es heraus und antworten Sie dafür bitte mit »Ja« oder »Nein«.

1 Man sieht mir meine Stimmung immer direkt an. ☐ Ja ☒ Nein

2 Wenn ich auf einen Menschen böse bin, sage ich es ihm ganz direkt. ☒ Ja ☐ Nein

3 Wenn ich auf einen Menschen böse bin, rede ich nicht, sondern lasse es ihn spüren. ☐ Ja ☒ Nein

4 Wenn mir jemand dumm gekommen ist, trage ich ihm das lange nach. ☐ Ja ☒ Nein

5 Ich erkenne schon an kleinen Anzeichen, ob mir ein anderer übel will. ☒ Ja ☒ Nein

6 Alle paar Tage ist mir, als könnte ich die Welt umarmen. ☐ Ja ☒ Nein

7 Ich fühle mich eigentlich bei fast allen Menschen heimisch. ☒ Ja ☐ Nein

8 Wenn ich traurig bin, weiß ich immer jemanden, der mich wieder aufrichtet. ☒ Ja ☐ Nein

9 Oft fühle ich mich belästigt, wenn Leute mich fragen: »Wie geht's?« ☐ Ja ☒ Nein

10 Wenn man tiefer in mein Seelenleben eindringen will, verschließe ich mich. ☐ Ja ☒ Nein

11 Bei Streit suche ich meist als Erster die Versöhnung. ☒ Ja ☐ Nein

12 Feiernde, fröhliche Menschen sind mir oft zu primitiv. _____ ☐ Ja ☑ Nein

13 Gelegentlich leide ich selbst unter meinen Stimmungen. _____ ☐ Ja ☑ Nein

14 Manchmal sagen Menschen, ich bin launisch ... _____ ☐ Ja ☑ Nein

15 ... das macht mich dann wirklich sauer. _____ ☐ Ja ☑ Nein

Das bedeutet Ihr Ergebnis

Bitte geben Sie sich einen Punkt, wenn Sie bei den Fragen 1, 2, 6, 7, 8 und 11 »Nein« und bei 3, 4, 5, 9, 10, 12, 13, 14, 15 »Ja« geantwortet haben.

Weniger als 6 Punkte: Sie reagieren äußerst empfindsam auf die Außenwelt. Kein Wunder, dass Ihre Stimmungen daher recht häufig wechseln. Trotzdem schätzt man an Ihnen, dass Sie Ihren Mitmenschen keine Rätsel aufgeben, niemand hält Sie für launisch und unausgeglichen. Sie werden eher als temperamentvoll empfunden, da Sie es schaffen, Ihr Gegenüber immer in Ihre Gefühle und Gedanken mit einzubeziehen.

6 bis 10 Punkte: Ihnen fällt es nicht immer leicht, sich Ihrer Umwelt mitzuteilen. Vermutlich haben Sie damit schon schlechte Erfahrungen gemacht. Deshalb versuchen Sie nun sogar, möglichst wenig von dem nach außen dringen zu lassen, was Sie innerlich bewegt. Doch das gelingt uns Menschen nicht immer optimal. Oft wird man Ihnen also trotzdem ansehen, dass Ihre Stimmung wechselhaft ist. Aber da man von Ihnen keine plausible Erklärung dafür bekommt, wirft man Ihnen Launenhaftigkeit vor. Das können Sie in Zukunft leicht vermeiden, indem Sie sich wenigstens ab und zu etwas transparenter machen.

Mehr als 10 Punkte: Sie werden öfter für launisch gehalten. Doch nicht jeder traut sich, Ihnen das offen zu sagen. Denn Sie neigen dazu, auf Kritik impulsiv zu reagieren ... In der Tat schwanken Sie häufig von himmelhoch jauchzend bis zu Tode betrübt. Wenn Sie fröhlich sind, haben Sie einen so hinreißenden Charme, dass alle Welt sich an Ihnen und mit Ihnen freut. Aber wehe, Sie sind nicht gut drauf. Dann verbreiten Sie eine so schlechte Atmosphäre, dass man am liebsten einen großen Bogen um Sie machen würde. Was die Sache erschwert: Ihre Stimmungen wechseln häufig, und das ohne erkennbaren Grund. Daher sollten Sie dringend ein wenig an Ihrer emotionalen Ausgeglichenheit arbeiten. Und insbesondere bei schlechter Laune versuchen, sich etwas zusammenzureißen. Ihr Umfeld wird es Ihnen danken ...

Test 9: Sind Sie manchmal zu ehrlich?

Kein Zweifel – in manchen Fällen kann eine kleine Notlüge schonender für unser Gegenüber sein als die brutale Wahrheit. Trotzdem sollten wir uns stets bemühen, ein gesundes Mittelmaß zu finden zwischen Ehrlichkeit und Schwindelei. Halten Sie diese Balance? Entscheiden Sie sich bitte bei den Fragen jeweils für eine von drei Antwortmöglichkeiten.

1 Eine Bekannte hat ein paar Pfunde zugelegt. Sprechen Sie sie darauf an?

a Ja, einer muss ihr doch die Wahrheit sagen.

b Nein, ich möchte das ja auch nicht hören.

c Nur indirekt. Ich frage, ob wir mal wieder zum Sport gehen.

2 Sie sind zum Essen eingeladen. Der Braten ist sehr zäh. Wie reagieren Sie?

c Ich kommentiere das nicht, sondern lobe die anderen Speisen.

b Ich sage der Köchin, wie gut alles schmeckt.

a Nach dem Essen gebe ich der Gastgeberin ein paar Tipps für Braten.

3 Ein Freund hat einen Hund aus dem Tierheim geholt. Er ist sehr hässlich. Sagen Sie etwas dazu?

b Hauptsache, er findet den Hund süß – dann bestätige ich ihm das.

a Ich sage ihm offen, dass ich schon schönere Tiere gesehen habe.

c Ich streichele seinen Vierbeiner und sage nichts dazu.

4 Die Tochter eines befreundeten Paares schenkt Ihnen ein selbstgemaltes Bild. Was tun Sie damit?

b Ich lobe es und hänge es bei mir an die Wand.

c Ich nehme das Bild und lasse es klammheimlich verschwinden.

a Ich frage sie, was das Gekritzel darstellen soll.

5 Sie haben die Lieblingsvase Ihrer Mutter kaputt gemacht. Gestehen Sie alles?

a Ja, einen Fehler gebe ich natürlich zu.

c Ich sage, es war der Hund.

b Ich werfe die Scherben weg und hoffe, dass sie es gar nicht merkt.

6 Die Kassiererin hat sich zu Ihren Gunsten verrechnet. Geben Sie das Geld zurück?

c Nein, wenn niemand etwas bemerkt, lasse ich mir auch nichts anmerken.

a Ja, sonst muss die arme Frau die Summe ersetzen.

b Nein, das Einkaufen wird sowieso immer teurer.

7 Die Tochter eines Bekannten ist frisch verliebt. Sie kennen den Typ als Frauenheld. Warnen Sie vor ihm?

c Nein, aber ich behalte den Mann scharf im Auge. Vielleicht hat er sich ja geändert.

a Ja, ich will niemanden unwissend in sein Unglück laufen lassen.

b Nein, jeder muss seine eigenen Erfahrungen machen.

8 Ihr Chef lobt Sie für die Arbeit eines Kollegen. Stellen Sie die Sache richtig?

c Ich sage, dass ich nur wenig damit zu tun hatte.
a Ja, selbstverständlich.
b Nein, ist doch gut, wenn der Chef mich mal lobt.

9 Bekannte brauchen einen Babysitter. Aber Sie wollten eigentlich mal ausspannen. Sagen Sie ab?

a Ja, ich entschuldige mich damit, dass ich keine Zeit habe.
b Nein, ich verschiebe meinen Erholungstag.
c Nein, wenn es keinen wichtigen Grund gibt, wie einen Arzt- oder Jobtermin, springe ich ein.

10 Sie haben auf dem Flohmarkt ein Prunkstück zum Spottpreis entdeckt. Wie reagieren Sie?

c Ich zahle den genannten Preis, ohne ihn weiter runterzuhandeln. Ein Schnäppchen macht doch jeder gern.
a Ich gebe dem Verkäufer mehr, als er verlangt.
b Natürlich feilsche ich um den Preis. Ich habe nichts zu verschenken.

11 Beenden Sie den Satz: Die Wahrheit

c kann sehr weh tun.
b interessiert keinen.
a kommt immer raus.

12 Ihr Chef will Ihre Meinung zu seiner Idee hören. Was antworten Sie?

a Ich sage ihm ehrlich, was ich davon halte.
c Ich nenne Vor- und Nachteile, lege mich aber nicht sofort fest.
b Ich sage ihm, dass seine Einfälle immer gut sind.

Das bedeutet Ihr Ergebnis

Sie haben überwiegend a **angekreuzt:** Ehrlich währt am längsten, das ist Ihr Motto und dazu stehen Sie konsequent. Sogar, wenn Sie damit mal andere vor den Kopf stoßen oder sogar verärgern. Und Sie riskieren, sich selbst um gute Chancen zu bringen. Sehen Sie also auch dieser Wahrheit tapfer ins Auge: Ihre Ehrlichkeit beschwört häufig Konflikte und Streit herauf! Doch mit ein wenig mehr Diplomatie und Feingefühl könnten Sie das vermeiden. Es kommt schließlich auch darauf an, wie »umsichtig« man die Wahrheit verpackt.

Sie haben überwiegend b **angekreuzt:** Sie nehmen es mit der Wahrheit nicht so genau. Egal ob im Freundeskreis oder im Job: Ihre Worte sollte man nicht unbedingt immer auf die Goldwaage legen. Eine kleine Notlüge kann zwar mal ganz nützlich oder schonend sein. Aber Sie drehen sich die Dinge etwas zu häufig so, wie Sie möchten. Bremsen Sie sich hier zukünftig ein wenig. Denn ansonsten zerstören Sie langsam, aber sicher das Vertrauen in Ihrem Umfeld. Und schlimmstenfalls kann ein zu lockerer Umgang mit der Wahrheit irgendwann sogar Ihren Ruf ruinieren.

Sie haben überwiegend c **angekreuzt:** Sie zeigen viel diplomatisches Geschick. Denn mit Ihrer Meinung möchten Sie keinem auf die Füße treten. Also kann es passieren, dass Sie dann und wann ein wenig schwindeln, damit sie niemanden verletzen. Das ist ehrenhaft. Doch es gibt Situationen, in denen Diplomatie nicht weiterhilft, dann muss Klartext geredet werden. Bringen Sie also den Mut auf, gelegentlich auch mal Farbe zu bekennen. Keine Angst – das zeugt von Charakterstärke und hat nichts mit Taktlosigkeit zu tun.

Test 10: Wirken Sie zu eitel?

Menschen, die auf Äußerlichkeiten Wert legen, stehen meist gern im Mittelpunkt. Das kann für ihr Umfeld anstrengend und nervig werden. Dieser Test zeigt Ihnen, ob Sie einen Hang zur Eitelkeit haben. Entscheiden Sie sich bitte bei den Fragen jeweils für eine von drei Antwortmöglichkeiten.

1 Was ist für Sie ein Zeichen von Erfolg im Leben?

a Eine gute Ausbildung, Arbeit, die einem Spaß macht und Freunde.

c Zufriedenheit, Gesundheit und Harmonie in der Familie.

b Geld, Prominenz und gutes Aussehen.

2 Wären Sie gern mit einer bekannten Persönlichkeit befreundet?

c Nein, mit solchen Leuten kann ich überhaupt nichts anfangen.

a Vielleicht, das könnte ganz interessant sein.

b Ja, das fände ich sehr aufregend.

3 Würden Sie gern in einer Fernsehserie mitspielen?

a Bei guter Bezahlung könnte ich in Versuchung kommen.

b Auf jeden Fall, vielleicht werde ich ja entdeckt.

c Ich fürchte, dazu habe ich gar kein Talent.

4 Wie viel Zeit verbringen Sie morgens im Bad?

b Ich brauche mindestens eine Stunde, manchmal auch länger.

c Nicht lange, genau weiß ich es aber nicht.

a Mal länger, mal kürzer, maximal eine Stunde.

5 Wie stehen Sie zu Mode und Trends?

c Das ist mir nicht wichtig. Ich trage, was bequem und praktisch ist.

b Ich lege Wert darauf, stets modisch gekleidet zu sein.

a Ich mache nicht jeden Trend mit, trage vor allem, was mir gefällt.

6 Beschreiben Sie bitte, was in Ihrem Bad steht:

c Shampoo, Duschgel, Kamm und Bürste, was man halt so braucht.

a Neben den üblichen Waschutensilien auch Parfüm.

b Da weiß ich gar nicht, wo ich anfangen soll, vor allem wegen der vielen Schönheitsprodukte.

7 Vergleichen Sie sich manchmal mit anderen?

a Ab und zu, das hängt von den Umständen ab.

c Nein, andere sind kein Maßstab für mich.

b Klar, ich schaue oft, wie meine Mitmenschen wirken.

8 Wer Wert auf eine gute Figur legt

a ist sicher sehr gesundheitsbewusst.

c kann vielleicht sonst mit nichts überzeugen.

b hat bestimmt auch mehr Erfolg im Leben.

9 Wie viel geben Sie monatlich für Ihre Garderobe aus?

c Keine Ahnung, in manchen Monate kaufe ich gar keine Kleidung.

a Weniger als 200 Euro.

b Ich gebe sicher mehr als 200 Euro monatlich aus.

10 Würden Sie sich in so einem Anwesen wohl fühlen?

a Sicher, aber ich kann auch ohne Luxus glücklich sein.

b Was Besseres kann mir gar nicht passieren, das war schon immer mein Traum.

c Das muss ich nicht haben, Reichtum und Schönheit sind vergänglich.

11 Was tun Sie als Letztes, wenn Sie morgens aus dem Haus gehen?

b Ich kontrolliere noch einmal mein Aussehen im Spiegel.

a Ich schaue noch kurz, wie mein Haar sitzt.

c Ich prüfe, ob ich den Schlüssel dabeihabe.

12 Machen Sie sich zurecht, wenn Sie Sonntagmorgen Brötchen holen?

a Ich schaue zwar vorher in den Spiegel, treibe dann aber keinen großen Aufwand.

c Unsinn, da gehe ich auch im Schlabber-T-Shirt und ungekämmt.

b Ja, selbstverständlich.

13 Worauf achten Sie, wenn Sie an einem Schaufenster vorbeigehen?

c Auf die ausgestellte Ware, worauf denn sonst?

b Ich nutze es als Spiegel, um meine Kleidung und die Frisur kurz zu kontrollieren.

a Wenn ich gerade etwas Neues trage, benutze ich es auch schon mal als Spiegel.

Das bedeutet Ihr Ergebnis

Sie haben überwiegend a angekreuzt: Sie wandeln auf dem goldenen Mittelweg, tun weder zu viel noch zu wenig, um zu überzeugen. Natürlich ist Ihnen ein gepflegtes Outfit wichtig, trotzdem müssen Sie nicht auf jeder Modewelle mitschwimmen. Offenbar verfügen Sie genau über das richtige Maß an Eitelkeit, um alle Situationen des Alltags gut zu meistern. Und sicher wird Ihnen kaum jemand nachsagen, dass Sie Allüren haben. Bleiben Sie sich treu, denn Sie wirken angenehm natürlich und überzeugend.

Sie haben überwiegend b angekreuzt: Für Sie spielen Äußerlichkeiten und Ihre Wirkung auf andere eine wichtige Rolle. Hand aufs Herz: Sie stehen gern mal im Mittelpunkt. Das ist natürlich nichts Verwerfliches. Allerdings riskieren

Sie dadurch, sich selbst unnötig zu stressen, weil Sie immer perfekt erscheinen möchten. Dabei erwartet das niemand von Ihnen! Schalten Sie vor allem in Gesellschaft von guten Freunden mal einen Gang zurück. Wer Sie wirklich mag, steht in jeder Situation zu Ihnen – auch dann, wenn Sie ungestylt auftauchen. Beweisen Sie zukünftig ruhig mal ein bisschen mehr Mut zur Ehrlichkeit.

Sie haben überwiegend c angekreuzt: Für Sie scheint Eitelkeit ein Fremdwort zu sein. Und das verrät auch etwas über Ihre Lebenseinstellung: Ihnen ist es wichtig, als ganzer Mensch und nicht nur als »Fassade« wahrgenommen zu werden. Das macht Sie zwar sehr authentisch. Doch dann und wann wäre eine kleine Portion Eitelkeit für Sie ganz hilfreich. Denn sich zu besonderen Anlässen in Schale zu werfen, kann auch Spaß machen. Sie werden staunen, was Ihnen das für eine Ausstrahlung verleihen könnte. Und anderen zeigen Sie auf diese Weise gleichzeitig ganz diskret: »Du bist mir diese kleine Mühe wert.«

Test 11: Sind Sie ein Optimist?

Durch negatives Denken machen wir uns nicht nur selbst das Leben schwer. Es beeinflusst auch die Beziehungen zu unseren Mitmenschen. Zum einen, weil sich niemand gern von einem unverbesserlichen Pessimisten runterziehen lassen möchte. Und zum anderen, weil wir durch unsere negative Sichtweise alles in einem verzerrten Licht wahrnehmen. Schlimmstenfalls wittert man dann überall Angriffe von außen, wo gar keine stattfinden. Sind Sie gefährdet, in diese Psychofalle zu laufen? Der Test verrät es Ihnen. Entscheiden Sie sich bitte bei den Fragen jeweils für eine von den drei Antwortmöglichkeiten.

1 Ihr Tag beginnt mit einer der obigen Szenen. Wie ist Ihre Laune?

c Wo ist das Problem?

b Mein Tag ist gelaufen, meine Stimmung am Boden. Da hilft nichts mehr.

a Wenn mir jetzt nicht irgendwer etwas Nettes sagt und mich aufmuntert, breche ich in Tränen aus.

2 Der geborene Pechvogel: Glauben Sie, dass es solche Menschen wirklich gibt?

a Bei einigen Leuten sieht es fast so aus, als ob sie das Pech auf Schritt und Tritt verfolgt.

c Nein, jeder kann sein Glück selbst in die Hand nehmen.

b Sicher – ich bin einer davon.

3 Wenn Sie schwierige Aufgaben vor sich haben, was denken Sie dann meistens?

a Mit viel Einsatz kann es gelingen.

b Das ist kaum zu schaffen.

c Bestimmt kriege ich das hin!

4 Sie bekommen Besuch. Im Kühlschrank steht noch eine halbe Flasche Sekt. Bieten Sie die an?

c Natürlich, warum auch nicht. Eine halbvolle Flasche gibt immer noch ein Gläschen für jeden.

b Nein, der Sekt ist wahrscheinlich sowieso schon schal.

a Die Flasche ist zwar schon halb leer, aber ich biete sie an.

5 Das Finanzamt kündigt Ihnen eine Rückzahlung von 1.000 Euro an. Das überrascht Sie. Wie reagieren Sie?

a Ich rufe beim Amt an und frage sicherheitshalber nach.

c Ich freue mich und lade meinen Partner zum Essen ein.

b Ich rechne mit einem Irrtum, der sich bald aufklärt.

6 Sie müssen eine Prüfung ablegen. Mit welchen Gedanken gehen Sie hinein?

b Ich habe einfach Angst davor.

c Ich bin gut vorbereitet – also kann kaum etwas passieren.

a Ich hoffe auf leichte Fragen und auf milde Prüfer.

7 Ein Freund ist immer superpünktlich, doch jetzt ist er eine halbe Stunde überfällig. Was denken Sie?

a Er steht sicher im Stau und der Handy-Akku ist leer.

b Hoffentlich gab es keinen Unfall.

c Ich warte einfach weiter, jeder kann sich mal verspäten.

8 Welche Überlegung geht Ihnen beim Einschlafen durch den Kopf?

b Mal sehen, was morgen wieder alles schiefgeht.

c Ich bin gespannt, was morgen so alles auf mich wartet.

a Heute war ein schöner Tag, hoffentlich wird morgen alles ähnlich gut laufen.

9 Ihnen ist nachts im Traum der Partner Ihres Lebens begegnet. Was denken Sie am Morgen danach?

a Vielleicht lerne ich ja heute wirklich jemanden kennen.

b Schade, dass mir das nie im echten Leben passiert.

c Heute kleide ich mich etwas schicker, wer weiß, was sich ergibt.

10 In der Zeitung finden Sie ein Stellenangebot, das genau für Sie geschaffen scheint. Bewerben Sie sich?

b Nein, da habe ich doch sowieso keine Chance.

c Na klar, wenn alles passt, sollte man die Gelegenheit nutzen.

a Ich rufe erst einmal an und erkundige mich über die Firma.

11 Ihre Freunde planen für Sonntag eine Radtour. Freuen Sie sich, obwohl Wolkenbrüche angesagt sind?

c Ja, die Wetterfrösche haben sich schließlich schon oft geirrt.

a Ja, wegen ein bisschen Regen sage ich die Tour nicht ab.

b Ja, aber ich überlege mir schon mal eine Alternative.

Das bedeutet Ihr Ergebnis

Sie haben überwiegend $\boxed{a}$ angekreuzt: Sie denken zwar positiv, bleiben aber mit beiden Beinen am Boden. Dafür sorgt Ihre gesunde Skepsis. Mit dieser Einstellung liegen Sie genau richtig. Denn Sie erkennen auch dort meist noch Ihre Chancen, wo manch anderer schon längst aufgegeben hat. Als realistischer Optimist sind Sie daher für alle Zweifelsfälle im Leben gut gewappnet. Mit Ihrer stets abwägenden Einstellung können Sie auch für viele Pessimisten ein Vorbild sein.

Sie haben überwiegend $\boxed{b}$ angekreuzt: Hat Ihnen schon mal jemand gesagt, dass Sie ein Schwarzseher sind und nicht immer mit dem Schlimmsten rechnen sollten? Ihr negatives Denken ist offenkundig und hemmt Sie. Und prompt tritt das Böse ein, das Sie erwarten. Streichen Sie Sätze wie »Ich kann das nicht« aus Ihrem Vokabular. Erinnern Sie sich öfter an Ereignisse, die trotz anfänglicher Befürchtungen gut für Sie ausgegangen sind, und an schwere Aufgaben, die Sie gut gelöst haben.

Sie haben überwiegend $\boxed{c}$ angekreuzt: Sie sind nicht nur ein Optimist, sondern schon fast ein Träumer. Sie sehen die Welt doch etwas zu sehr in »rosarot«. Eine optimistische Einstellung ist zwar gut, aber ein klein wenig mehr Realismus kann Ihnen nicht schaden. Denn mit Ihrer Einstellung wirken Sie schon fast etwas zu arrogant. Nehmen Sie sich ab und zu ein bisschen mehr zurück. Und bedenken Sie bei Ihren Entscheidungen beide Seiten. Das bewahrt Sie auch vor Enttäuschungen.

Test 12: Lassen Sie sich von Ihrer Feinfühligkeit beherrschen?

Bitte denken Sie einmal sieben Tage zurück. An wie vielen Tagen der letzten Woche haben Sie/sind Sie ... (bitte tragen Sie eine Zahl ein)

- verschlafen? _____ 0 __ mal

- ungenügend gefrühstückt _____ 0 __ mal

- auf dem Weg zur Arbeit (oder zu Ihrem ersten Termin) gehetzt? _____ 2 __ mal

- bei der Arbeit/Hausarbeit unter Termindruck gestanden? _____ 3 __ mal

- im Verkehrsstau steckengeblieben? _____ 1 __ mal

- abends ein Gefühl der inneren Leere gehabt? ____ 0 __ mal

- abends ein schlechtes Gewissen gehabt? _____ 0 __ mal

- abends Erschöpfung gespürt – ohne zu wissen, warum? _____ 0 __ mal

- schlecht geträumt? _____ 0 __ mal

- mit Menschen Ärger gehabt? _____ 0 __ mal

- an Schulden (oder eine Schuld) anderen Leuten gegenüber gedacht? _____ 1 __ mal

- sich an ein Unrecht erinnert, das man Ihnen angetan hat? _____ 1 __ mal

- in Gedanken oder halblaut ein abgebrochenes Gespräch zu Ende geführt? _____ 2 __ mal

- gefaulenzt, ohne es genossen zu haben? _____ 0 __ mal

- sich Vorwürfe gemacht, dass Sie körperlich zu wenig für sich tun? _____ 0_2_ mal

- sich einen normalen Wunsch nicht erfüllt? _____ 0_1_ mal

- so viel geschwelgt und geprasst, dass Ihnen davon schlecht geworden ist? _____ 0_0_ mal

- ungesund gegessen? _____ 1_0_ mal

- gegen eigene Lebensgrundsätze verstoßen? _____ 0 _2_ mal

- über einen Abwesenden schlecht gesprochen? _0_ _1_ mal

- etwas über einen anderen Menschen gedacht, was Sie ihm nicht gesagt haben? _____ 0 _1_ mal

- vor dem Fernseher ein Nickerchen gemacht? _____ 0_2_ mal

- an anderen Menschen gezweifelt? _____ 0_0_ mal

- an der Gerechtigkeit gezweifelt? _____ 0 _2_ mal

- an sich selbst gezweifelt? _____ 0 _2_ mal

Bitte zählen Sie die Zahlen zusammen, die Sie zu jeder Frage eingetragen haben. _13_ mal

Das bedeutet Ihr Ergebnis

Weniger als 50 Punkte: Sie kommen patent durchs Leben. Wie jeder andere auch wissen Sie zwar, dass Sie manchmal Fehler machen oder Schwächen haben, die Ihnen schaden. Aber Sie lassen sich davon nicht beirren, sondern gehen Ihren Weg gelassen weiter. Glückwunsch, Sie besitzen eine gesunde Mischung zwischen Robustheit und Feinfühligkeit.

50 bis 70 Punkte: Sie leiden, wenn Ihre Lebensumstände ungünstig sind. Das geht allen Menschen so und ist völlig normal. Doch Sie besitzen darüber hinaus das »Talent«, früher und deutlicher als andere zu spüren, wann Ungemach heraufzieht. Diese Feinfühligkeit hat Ihnen in vielen Situationen bereits gute Dienste geleistet. Doch gleichzeitig macht sie Ihnen das Leben schwer. Weil Sie bereits leiden, wenn Ihr Umfeld die Krise noch gar nicht bemerkt hat. Gestatten Sie Ihrer ausgeprägten Intuition daher zukünftig nicht mehr, dass sie Ihren kompletten Alltag dominiert.

Mehr als 70 Punkte: Sie nehmen vieles schwerer als andere. Jede Kleinigkeit geht Ihnen zu Herzen. Das ist natürlich durchaus positiv, weil Sie feinfühliger und empfindsamer sind als Ihre Mitmenschen. Aber leider setzen Sie diese Sensibilität zu wenig zu ihrem Vorteil oder zu Ihrer Lebensfreude ein. Stattdessen belastet Sie beispielsweise fremdes Leid schnell mehr, als gesund für Sie ist. Kümmern Sie sich daher in Zukunft lieber etwas weniger um die Schicksale anderer Menschen, sonst reiben Sie sich zu sehr auf.

Test 13: Haben Sie genug Selbstvertrauen?

Manchmal stehen wir im Leben unerschütterlich da, manchmal verlieren wir bei kleinsten Anlässen den Boden unter den Füßen. Wie ist Ihre momentane Situation, gibt es bei Ihnen womöglich versteckte Hinweise auf mangelndes Selbstvertrauen? Antworten Sie bitte auf alle Fragen mit »Ja« oder »Nein«.

1 Schauen Sie in jeden Spiegel und jede Schaufensterscheibe auf Ihrem Weg? _____ ☐ Ja ☑ Nein

2 Haben Sie den Wunsch, Ihr Leben zu ändern? ☑ Ja ☐ Nein

3 Würden Sie gern mit dem Schicksal anderer Menschen tauschen? _____ ☐ Ja ☑ Nein

4 Fällt Ihnen häufiger auf, dass fremde Leute Sie anstarren? _____ ☑ Ja ☐ Nein

5 Sind Menschenansammlungen Ihnen unangenehm? _____ ☑ Ja ☐ Nein

6 Halten Sie sich für einen guten Verlierer? _____ ☑ Ja ☐ Nein

7 Versuchen Sie, Ihre Stimme zu beurteilen. Ist sie tief und klangvoll? _____ ☑ Ja ☐ Nein

8 Sprechen Sie meist ziemlich schnell? _____ ☐ Ja ☑ Nein

9 Prüfen Sie oft zweimal, ob Sie beim Weggehen die Wohnungstür richtig verschlossen haben? ☑ Ja ☐ Nein

10 Halten Sie es für richtig, anderen Menschen offen die eigenen Gefühle zu zeigen? _____ ☐ Ja ☑ Nein

11 Macht es Ihnen etwas aus, andere Personen um etwas zu bitten? _____ ☐ Ja ☑ Nein

12 Glauben Sie, dass es Klatsch über Sie gibt? _____ ☐ Ja ☑ Nein

13 Studieren Sie lieber minutenlang einen Stadt-
plan, statt jemanden nach dem Weg zu fragen? ☐ Ja ☑ Nein

14 Fühlen Sie sich jetzt – in diesem Moment –
in Ihrer Garderobe wohl? _____ ☑ Ja ☐ Nein

15 Tun Sie Leuten manchmal einen Gefallen,
der eigentlich überflüssig ist? _____ ☐ Ja ☑ Nein

16 Können Sie andere Menschen leicht von Ihrer
Meinung überzeugen? _____ ☐ Ja ☑ Nein

17 Klären Sie Diskussionen so lange, bis alle
wissen, wer recht und wer unrecht hat? _____ ☐ Ja ☑ Nein

18 Fühlen Sie sich unwohl, wenn ein anderer
stärker im Mittelpunkt steht als Sie? _____ ☐ Ja ☑ Nein

19 Halten Sie sich für eine Führernatur? _____ ☑ Ja ☐ Nein

20 Schließen Sie sich in einer Gruppe am
liebsten der Führung eines anderen an? _____ ☑ Ja ☐ Nein

21 Sie haben bei der Arbeit einen Misserfolg
gehabt. Nehmen Sie sich das so zu Herzen,
dass Sie sich vornehmen, nie wieder einen
Fehler zu machen? _____ ☐ Ja ☑ Nein

22 Üben Sie an anderen Menschen häufig
Kritik? _____ ☐ Ja ☑ Nein

23 Sind Sie überzeugt davon, dass Sie alle
Probleme Ihres Lebens allein lösen können? _ ☐ Ja ☑ Nein

Das bedeutet Ihr Ergebnis

Bitte geben Sie sich bei den Fragen 6, 7, 10, 14, 16, 19 und
23 einen Punkt, wenn Sie »Ja« angekreuzt haben, bei allen
anderen Fragen dagegen einen Punkt für jedes »Nein«.

75

Weniger als 5 Punkte: Sie sind ein interessierter und wissbegieriger Mensch, aber Ihr Selbstvertrauen ist zurzeit im Keller. Zum einen, weil Sie viel zu viel auf die Meinung Außenstehender geben. Und zum anderen, weil Sie übertrieben selbstkritisch sind. Konzentrieren Sie sich zukünftig ruhig mal auf all Ihre Stärken. Und sagen Sie sich immer, dass auch andere nur mit Wasser kochen.

5 bis 9 Punkte: Sie haben Selbstvertrauen, allerdings noch nicht genug. Vielleicht halten Sie es ja für »egozentrisch«, von sich selbst zu überzeugt zu sein. Und bremsen sich daher in allem, was Sie in dieses Licht rücken könnte. Werfen Sie diese Bedenken über Bord – man wird Sie ganz sicher noch genauso mögen, wenn Sie zukünftig etwas beherzter und forscher auftreten.

10 bis 14 Punkte: Ihr Selbstvertrauen ist so stark, dass andere Menschen Ihnen nicht viel Negatives anhaben können. Das ist bewundernswert. Trotzdem sollten Sie kritisch überprüfen, ob diese seelische Stärke vielleicht (auch) daher rührt, dass Sie feste Mauern um sich herum errichtet haben. Weil Feinde so nicht durchdringen können – aber leider eben auch nicht so mancher Freund …

Mehr als 14 Punkte: Sie strotzen nur so vor Selbstbewusstsein. Das macht Sie zu einer charismatischen Führernatur. Aber Vorsicht: Auf andere wirken Sie gelegentlich etwas überheblich und selbstgefällig. Könnte es sein, dass Sie in manchen Situationen gar nicht so überlegen sind, wie Sie vorgeben? Und dass Sie oft nur darum so dick auftragen, damit man Ihre Schwächen nicht durchschaut? Haben Sie also den Mut, zukünftig auch mal Fehler oder Irrtümer zuzugeben. Das wird Ihnen garantiert viele Sympathiepunkte einbringen!

Test 14: Machen Sie sich selbst das Leben schwer?

Manche Menschen haben eine Lebenseinstellung, mit der sie Schwierigkeiten und Hemmnisse geradezu anziehen. Und oft ahnen sie nicht mal, dass sie sich dauernd selbst ein Bein stellen. Gehören Sie womöglich zu diesen Unglücksraben? Bitte kreuzen Sie alle Aussagen an, die auf Sie zutreffen. Bewerten Sie die untenstehenden Aussagen durch die Anzahl Ihrer Kreuze folgendermaßen:

[x] Das ist schon einmal vorgekommen
[x] [x] Das passiert häufiger
[x] [x] [x] So mache ich das in der Regel
[x] [x] [x] [x] Das ist ein typischer Wesenszug von mir

Ich suche mir immer wieder Menschen aus, die mich später enttäuschen. ⎯⎯⎯⎯ ☑ ☑ ☐ ☐

Ich helfe anderen Leuten, auch wenn sie mich nicht um Hilfe bitten oder meine Hilfe ablehnen. ⎯⎯⎯ ☒ ☐ ☐ ☐

Freunde oder Partner, die mich beständig gut behandeln, langweilen mich schnell. ⎯⎯⎯⎯ ☒ ☐ ☐ ☐

Ich verletze andere Menschen oft mit meinem Ton, obwohl ich das gar nicht will. ⎯⎯⎯⎯ ☒ ☒ ☐ ☐

Ich habe mit Leuten öfter Unstimmigkeiten, die ich mir überhaupt nicht erklären kann. ⎯⎯⎯ ☒ ☐ ☐ ☐

Ich schaffe es besser, anderen zu helfen als mir selbst. ⎯⎯⎯⎯ ☒ ☐ ☐ ☐

Ich vermeide Situationen, in denen ich mich amüsieren könnte. ⎯⎯⎯⎯ ☒ ☒ ☐ ☐

Hilfe von Außenstehenden lehne ich sogar dann ab, wenn ich sie gut brauchen könnte. ⎯⎯⎯⎯ ☒ ☐ ☐ ☐

Ich mache mich oft an Aufgaben, von denen ich
vorher wissen könnte, dass ich sie nicht schaffe. ___ ☒ ☐ ☐ ☐

Wenn ich mal Erfolg habe, kann ich mich darüber
kaum freuen. _____ ☒ ☐ ☐ ☐

13

Das bedeutet Ihr Ergebnis
Bitte geben Sie sich für jedes Kreuz einen Punkt.

Weniger als 15 Punkte: Sie sind ein echter Lebenskünstler!
Dabei sorgen Sie sich sowohl um Ihre eignen Interessen,
kümmern sich aber auch um die Belange anderer. Und Sie
wissen genau, dass hauptsächlich Sie selbst für Ihr Wohlerge-
hen zuständig sind. Daher interpretieren Sie nicht gleich jedes
Unglück als Tiefschlag des Schicksals, sondern bleiben gelassen. An Ihnen hat man einen sehr angenehmen Mitmenschen
– beruflich und privat.

15 bis 22 Punkte: Sie haben eine sehr gesunde Lebenseinstellung. Denn Sie opfern sich nicht für andere Menschen auf,
schon gar nicht ungefragt. Trotzdem sind Sie hilfsbereit und
verständnisvoll. In Krisensituationen kann man immer auf
Sie zählen. Und wenn bei Ihnen mal alles schiefgeht, besitzen
Sie die Power, sich selbst aus dem Schlamassel zu befreien.
Von längerfristigen Pechsträhnen werden Sie daher selten
heimgesucht.

23 bis 29 Punkte: Ihr Leben könnte einfacher sein. Sie werden
nämlich immer wieder ein Opfer Ihrer eigenen Gutmütigkeit.
Sie kümmern sich sehr um die Belange anderer – und hoffen
insgeheim, dass Sie dadurch ebenso viel Aufmerksamkeit
ernten. Diese Rechnung geht fast nie auf, und so fühlen Sie
sich häufig vom Schicksal benachteiligt. Dabei sind Sie selbst

nicht ganz unschuldig an diesem Problem. Überschlagen Sie sich nicht länger für andere und erwarten Sie nicht mehr so viel von Ihren Mitmenschen – so werden Sie wesentlich zufriedener leben.

Mehr als 29 Punkte: In der Tat, Sie machen sich das Leben wirklich viel zu schwer! Unbewusst arbeiten Sie ständig und konsequent gegen Ihre eigenen Interessen. Obwohl Sie also selbst nicht so genau wissen, was gut für Sie ist, zwingen Sie manchmal sogar andere zu ihrem (vermeintlichen) Glück. Zwar meinen Sie es gut, aber insgeheim verbirgt sich dahinter die Auffassung, dass es ohne Sie und Ihre Hilfe überhaupt nicht geht. Machen Sie sich frei von dieser Vorstellung und Sie werden sehen, wie belastende und schwierige Elemente fast wie von selbst aus Ihrem Leben verschwinden.

Test 15: Haben Sie Zivilcourage?

Oft müssen wir beim Umgang mit anderen Menschen Mut beweisen. Etwa, weil man eine Situation in die Hand nehmen oder eine Ungerechtigkeit aufdecken muss. Besitzen Sie genug Courage, um für Ihr eigenes Wohl und das von anderen einzustehen? Kreuzen Sie jeweils die Antwort an, die am besten auf Ihr Denken und Fühlen zutrifft.

1 Wenn ein Erwachsener an der Supermarktkasse seinem quengelnden Kind einen Klaps gibt,

a mische ich mich ein und versuche, das Kind vor dieser Form von Gewalt zu schützen.

b denke ich mir: Der Erwachsene wird schon wissen, was er macht.

c✓ halte ich konsequent meinen Mund, um die Person nicht zusätzlich aufzuregen.

2 Ein Polizist, der einem Autofahrer für zehn Minuten Parken im Halteverbot ein Strafmandat gibt,

c zeigt, dass er sich zu wichtig nimmt.

b ist einfach ein unfreundlicher Mensch.

a erledigt nur pflichtbewusst seinen Job.

3 Auf Ämtern habe ich meist das Gefühl, die Leute hinter dem Schreibtisch

c sind irgendwie lustlos bei der Arbeit.

b wollen mir zeigen, dass sie mehr Macht haben als ich.

a geben sich im Job genauso viel Mühe wie Leute in der freien Wirtschaft.

4 Was denken Sie, wenn eine Gruppe Skinheads mit Ihnen zusammen auf die Bahn wartet?

a Ich überlege, was ich tun würde, wenn die Gruppe gewalttätig würde.

b Ich hoffe, dass niemand in der Bahn sitzt, der die Skinheads provoziert.

✓ c Ich lasse den Zug fahren und nehme den nächsten.

5 Was empfinden Sie für die Leute von der Heilsarmee, die durch Lokale gehen und Geld sammeln?

✓ a Respekt, weil diese Menschen Gutes tun, obwohl sie dafür manchmal verspottet werden.

c Bewunderung dafür, dass diese Menschen ihren Zielen so viel Zeit opfern.

b Schuldgefühle, weil sie mich daran erinnern, dass auch ich öfter Gutes tun sollte.

6 Fünf Erwachsene und fünf Kinder sitzen zusammen und planen ein Familienfest. Ist es sinnvoll, wenn die Kinder (etwa zehn Jahre alt) mitreden?

✓ a Ja, denn es soll ja auch für die Kinder ein Fest werden.

b Nein, das stört nur den Gedankenfluss der Erwachsenen.

c Mitreden dürfen die Kinder zwar, aber sie werden kaum etwas Sinnvolles beitragen.

7 Zwei Schüler haben an die Mauer ihrer Schule ein obszönes Wort gesprayt. Sie werden erwischt. Was soll die Schule jetzt tun?

[b] Die zwei von der Schule verweisen und bei der Polizei anzeigen.

[c] Beide müssen den Schaden beheben, dann ist die Sache wieder in Ordnung.

✓ [a] Sie sollen den Schaden beseitigen und zusätzlich gemeinschaftsfördernden Aufgaben erledigen.

8 Sie erzählen jemandem ein Erlebnis und werden von ihm unterbrochen. Wie reagieren Sie typischerweise?

[a] Ich höre genau zu. Vielleicht kann ich die Bemerkung meines Gegenüber in meine Geschichte einbauen, und die Unterhaltung wird noch netter.

✓ [c] Ich versuche, mich durch die Unterbrechung nicht aus dem Konzept bringen zu lassen.

[b] Ich sage: »Lass mich ausreden.«

Das bedeutet Ihr Ergebnis

Sie haben überwiegend [a] **angekreuzt:** Sie besitzen eine große Portion Zivilcourage. Das zeigt sich bereits in kleinen Situationen des Alltags. Dabei lassen Sie sich nicht provozieren, sondern versuchen zunächst, Ihr Gegenüber und seine Motive zu verstehen. Aber wenn es nötig ist, prangern Sie Unrecht laut und vernehmlich an. Dazu gehört eine unabhängige Meinung – und die zu haben, erfordert Mut. Den zeigten Menschen wie Mutter Teresa, Gandhi oder Martin Luther King. Sie haben nie darauf geachtet, ob ihr Leben einfach und bequem verlief oder ihnen Beifall und Profit brachte. Nein, sie waren tapfere Kämpfer gegen das Böse. Etwas von jenem

Geist steckt auch in Ihnen, und darauf dürfen Sie sehr stolz sein. Mag sein, dass manche Zeitgenossen Sie unbequem und anstrengend finden, weil Sie sich selten anpassen. Für die meisten aber sind Sie ein Vorbild.

Sie haben überwiegend b **angekreuzt:** Sie sind sehr mutig, und wenn Sie etwas als richtig erkannt haben, kämpfen Sie dafür. Dabei schätzen Sie allerdings keine Alleingänge. Bevor es losgeht, suchen Sie sich also gezielt einige Mitstreiter und vertreten Ihr Anliegen am liebsten gemeinsam. Das ist jedoch noch keine Zivilcourage. Die zeigt sich nämlich erst, wenn ein Mensch auch gegen den Strom schwimmt und notfalls ganz ohne Rückhalt für eine Sache eintritt. Ein solcher Einzelkämpfer sind Sie nicht, wollen es vermutlich auch gar nicht sein. Doch eines steht fest: Wenn jemand Sie braucht, kann er auf Sie zählen. Und das ist schließlich mit das Wichtigste im Leben.

4

Sie haben überwiegend c **angekreuzt:** Man darf wohl sagen, dass es nicht zu Ihren Lebenszielen gehört, den Helden zu spielen. Sie wissen nämlich genau, dass man Konflikten genauso gut aus dem Weg gehen kann – mit Klugheit und taktischem Geschick. Um diese sympathische Schlitzohrigkeit beneidet Sie so mancher Zeitgenosse. Bedenken Sie aber bitte auch: Nicht immer kann man sich seine Lebensumstände aussuchen. Und jeder (auch Sie) sollte bereit sein, gegen Missstände aufzustehen, damit größeres Unrecht vermieden wird. Ab und zu würde also auch Ihnen ein wenig mehr Zivilcourage ganz trefflich stehen …

Teil II:
Kommen Sie gut mit anderen aus?

Ach, welch ein Unterschied es ist,
ob man sich oder andere beurteilt
(Johann Wolfgang von Goethe)

Wenn Fremde sich treffen, ist nichts so entscheidend wie der Blick in die Augen des anderen. Denn sie sind der Spiegel der Seele, so heißt es jedenfalls. Tatsächlich aber ist es unsere primäre Empathie – also das Einfühlen in den anderen und die Deutung der nonverbalen Signale, die er unbewusst sendet –, die bestimmt, wie wir uns ihm gegenüber verhalten. Nur so gelingt es uns, mit all den unbekannten Personen und flüchtigen Bekannten, auf die wir täglich treffen, umzugehen und uns ihnen anzuvertrauen. Und das, obwohl wir sie gar nicht richtig kennen.

Eine Beziehung kann daraus natürlich noch nicht entstehen. Um dafür den Grundstock zu legen, braucht es Interesse und die wesentliche Fähigkeit, sich anderen zu widmen und ihnen zuzuhören. Denn erst das ermöglicht es uns, sie zu verstehen und ihre Absichten und Beweggründe zu begreifen. Alles andere kratzt nur an der Oberfläche und hält uns auf Distanz.

Wer sich gar nicht auf sein Gegenüber einlassen kann oder mag, wird leicht von Vorurteilen geleitet. Und die wiederum schüren Angst, Ablehnung oder sogar Wut. Eine erfolgreiche Kommunikation wird damit unmöglich, ganz zu schweigen von einer Übereinkunft oder einem positiven Ergebnis. Wer nicht zuhört, kann nicht wissen, was in dem anderen vorgeht. Folglich wird er ihn nicht verstehen, die falschen Schlüsse ziehen und sich kontraproduktiv verhalten. Damit gefährdet er nicht nur die gesamte Beziehung, sondern gibt ihr gar nicht erst die Chance, sich zu entwickeln.

Das kann sich selbst dann negativ für uns auswirken, wenn wir gar nicht auf eine engere zwischenmenschliche Beziehung aus waren. Ein Beispiel: Sowohl der unhöfliche Tonfall eines Verkäufers als auch das überhebliche Auftreten eines Kunden können den Abschluss eines Geschäfts verhindern. Denn es liegt immer an beiden Gesprächspartnern, wenn die Kommunikation stockt oder in die falsche Richtung läuft. Es reicht nicht, wenn nur einer bereit ist, den anderen zu verstehen.

Nun haben Menschen, die im Dienstleistungs- oder im Sozialen Bereich tätig sind, bestimmte Anweisungen und Leitlinien, wie sie mit Kunden oder Patienten umzugehen haben. Und diese Instruktionen sind immer auf einen möglichst offenen, positiven Kontakt ausgelegt. Denn sonst kommt kein befriedigendes Geschäft oder Gesprächsergebnis zustande. Das ist übrigens im privaten Bereich nicht anders. Nur hat man dort den Vorteil, dass man sich nicht mit jemandem abgeben muss, den man nicht mag. Weil man Menschen, die man unsympathisch findet, einfach »aussortieren« kann.

Generell ist es aber von Vorteil, sich die Taktik der beruflich zum Zuhören Verpflichteten auch privat zu eigen zu machen. Denn mit einer gewissen Offenheit und Toleranz gegenüber anderen fährt man im Leben weitaus besser als mit Vorurteilen und Ablehnung. Was nicht heißt, dass man jeden Menschen in sein Leben lassen muss. Man sollte ihm aber die Tür so weit öffnen, dass er die Chance bekommt, sich vorzustellen. Und das geht nur über eine positive Einstellung ihm gegenüber. Die folgenden Tests zeigen Ihnen, inwieweit Sie diese Kunst beherrschen.

Test 1: Fühlen sich andere von Ihnen fair behandelt?

Nicht immer schafft man es, alle Menschen gleich zu behandeln. Trotzdem sollte man sich bemühen, so fair wie möglich zu sein. Wie nah kommen Sie diesem Ideal? Bitte kreuzen Sie jeweils die Antwortmöglichkeit an, die am ehesten auf Ihre Meinung zutrifft.

1 Sie haben fünf Freunde zum Essen eingeladen. Einer sagt eine Stunde davor ab, weil er angeblich einen kranken Verwandten besuchen müsse. Was sagen Sie diesem Menschen?

- [c] »Schade, dass du nicht kommen kannst. Ich hoffe, deinem Verwandten geht es bald wieder gut.«
- [b] »Schade – wo ich doch alles so nett vorbereitet habe, damit du dich besonders wohl fühlst.«
- [a] »Wir werden uns auch ohne dich gut amüsieren.«

2 Sie haben eine Verabredung vergessen, zu der Sie sowieso keine Lust hatten. Wie entschuldigen Sie sich?

- [a] Mit der Flucht nach vorn: »Du hast die Zeit hoffentlich trotzdem gut nützen können.«
- [c] Mit der Wahrheit: »Tut mir leid, ich habe den Termin vergessen.«
- [b] Mit einer Notlüge: »Ich hatte einen Unfall.«

3 Im Restaurant erhalten Sie eine überhöhte Rechnung. Wie sagen Sie dem Ober, dass er sich geirrt hat?

- [a] »Ich möchte sofort den Geschäftsführer sprechen.«
- [b] »Wollen Sie mich etwa betrügen?«
- [c] »Bitte rechnen Sie noch einmal nach, ich glaube, Sie haben sich geirrt.«

4 Eine Bekannte hat ein Kleid gekauft, das ihr wirklich schlecht steht. Wie sagen Sie es ihr?

✓ c »Da bist du beim Kauf aber mutig gewesen.«

b »War das ein Sonderangebot?«

a »Da hat man dir aber einen Ladenhüter angedreht.«

5 Sie wollen in einem Geschäft etwas reklamieren. Die Verkäuferin weigert sich, die Ware zurückzunehmen. Wie reagieren Sie?

a Ich sage: »Wenn Sie das nicht umtauschen, haben Sie einen Kunden weniger.«

b Ich lasse mich überreden und ziehe die Reklamation zurück.

✓ c Ich bitte die Verkäuferin, mit dem Abteilungsleiter zu sprechen, weil ich einen Fehlkauf getätigt habe.

6 Ihr Partner beichtet, dass er Sie vor Jahren einmal betrogen hat. Sie fühlen sich

b verletzt und sind traurig.

✓ c enttäuscht, aber Sie sehen auch die guten Jahre, die Sie seither hatten.

a so stark hintergangen, dass Sie an Trennung denken.

7 Sie sollen einen Streit schlichten. Beide Parteien tragen ihren Standpunkt vor. Was sagen Sie am Ende?

✓ c Ich bitte beide, die Sache so lange zu überdenken, bis sie gemeinsam einen Kompromiss schließen können.

b Ich sage ihnen: »Macht das am besten unter euch aus.«

a Ich gebe der Partei recht, die meiner Meinung nach die besseren Argumente hatte.

8 Nach einer Party will sich ein stark angetrunkener Mann noch ans Steuer setzen. Mit welchem Satz bringen Sie ihn davon ab?

[c] »Kann ich Sie vielleicht nach Hause fahren? Ich bin nüchtern.«

✓ [a] »Überlegen Sie sich, ob Ihr Führerschein nicht wertvoller ist als das Taxigeld.«

[b] »Ich habe gehört, dass jemand bereits die Polizei alarmiert hat. Sie wartet in der Nähe.«

Das bedeutet Ihr Ergebnis

Sie haben überwiegend [a] angekreuzt: Man könnte Sie als Gerechtigkeitsfanatiker bezeichnen. Denn Sie besitzen sehr klare und eindeutige Prinzipien. Das ist grundsätzlich lobenswert. Aber wer dagegen verstößt, bekommt Ihren Widerstand zu spüren. Bei Ihnen kann man daher leicht in Ungnade fallen – ob das nun Freunde oder Feinde sind. Mit Hintergrundmotiven oder mildernden Umständen halten Sie sich nicht lange auf. Sie fällen Ihr Urteil und das war's. Dadurch wirken Sie auf viele Mitmenschen fast schon unmenschlich. Sie sollten überlegen, ob strikte Unerbittlichkeit tatsächlich immer sein muss. Manchmal bringt es sogar mehr, Gnade vor Recht ergehen zu lassen. Und bedenken Sie noch etwas: Ein bisschen mehr Milde gegenüber Ihren Mitmenschen würde Ihren Beliebtheitsgrad rapide steigen lassen.

Sie haben überwiegend [b] angekreuzt: Sie bemühen sich redlich, fair zu sein. Allerdings sind Sie kein »Kämpfer-Typ«. Denn Sie wissen, dass das Eintreten für Gerechtigkeit schnell auch mal unbequem werden kann. Und nichts hassen Sie so sehr wie unangenehme Auseinandersetzungen oder stressige

Diskussionen. Darum halten Sie sich lieber von vornherein aus allem raus. Außerdem glauben Sie, dass man Ihnen sowieso nicht zuhören würde. Dabei unterschätzen Sie Ihre Fähigkeit, Einfluss zu nehmen. Es ist Ihnen nämlich sehr wohl möglich, durch Courage für etwas mehr Fairness zu sorgen. Mischen Sie sich daher ab und zu ruhig ein – Sie werden überrascht sein, wie gut das Ihnen und anderen tut!

Sie haben überwiegend ⊠ **angekreuzt:** Sie sind ein herzensguter Idealist und glauben grundsätzlich an das Gute im Menschen. Falls einer Ihrer Zeitgenossen mal etwas verbrochen hat, verdammen Sie ihn nicht gleich. Denn einen Fehler zu begehen, ist für Sie kein Indiz eines schlechten Charakters. Im Gegenteil, Sie sehen auch hier noch das Positive. Und empfinden es als lohnende Herausforderung, diesem Menschen die Chance zu geben, sich erneut zu bewähren. Gerecht zu sein, bedeutet für Sie nicht zu verurteilen, sondern dem Guten im Menschen zum Durchbruch zu verhelfen. Damit haben Sie fast therapeutische Fähigkeiten. Aber Vorsicht: Es besteht die Gefahr, dass manche Leute Ihre Großherzigkeit schamlos ausnutzen, lassen Sie es gar nicht erst so weit kommen!

Test 2: Haben Sie einen sechsten Sinn für falsche Freunde?

Mancher tut sich schwer mit neuen Freunden. Andere sind dagegen zu offen und lassen dadurch Menschen in ihr Leben, die ihnen unter Umständen schaden. Sind Sie zu skeptisch im Umgang mit anderen? Oder doch eher arglos? Wie gut es um Ihre Menschenkenntnis bestellt ist und ob Sie sich zu leicht ausnutzen lassen, verrät Ihnen dieser Test. Bitte kreuzen Sie jeweils die Antwortmöglichkeit an, die am ehesten auf Ihre Meinung zutrifft.

1 Mussten Sie es schon mal bereuen, zu viel Privates erzählt zu haben?

- ✓ b Nicht direkt, aber manchmal könnte ich zurückhaltender sein.
- a Das passiert mir öfter, ich bin eben ein recht kontaktfreudiger Typ.
- c Klares Nein! Ich weiß, wer mein Vertrauen verdient und wer nicht.

2 Plötzlich ist Ihr Partner auffallend nett zu Ihnen, was denken Sie?

- a Ich grübele nicht, sondern freue mich, dass er mich so liebt!
- ✓ c Ich ahne, dass er ein schlechtes Gewissen hat, und warte auf sein reuevolles Geständnis.
- b Er will nur wiedergutmachen, dass er manchmal unaufmerksam ist.

3 Kann man sich bei Ihnen Geld leihen?

- c Ich vergebe grundsätzlich keinen Kredit!
- ✓ a Bei Notfällen immer, ich helfe gern.
- b Nur kleinere Summen und nur mit Vertrag.

4 Wie stellen Sie sich Ihre imaginäre Lebenslinie vor?

b Wie eine sanfte Welle, die nach oben führt.
c Wie einen exakten geraden Strich ohne Ausschläge.
a Wie eine Zickzack-Linie, die mal rauf und mal runter geht.

5 Hören Sie gern Komplimente?

c Nein, damit will man mich nur einwickeln.
b Ja, wenn sie berechtigt und ernst gemeint sind.
a Zugegeben, dafür bin ich reichlich anfällig.

6 Sind Sie bereits öfter von anderen Menschen schwer enttäuscht worden?

a Ja, tatsächlich. Man hat mir leider schon häufig übel mitgespielt.
c Nur ein einziges Mal. Seitdem bin ich extrem vorsichtig.
b Nein, denn wer mir nicht guttut, von dem halte ich mich fern.

7 Woran merken Sie, dass jemand lügt?

c An den flackernden Augen, seiner zitternden Stimme und anderen verräterischen Zeichen.
a Ich spüre nur selten, wenn ich angelogen werde. Wer mich einseifen will, schafft das auch.
b Meist daran, dass eine Aussage wortreich begründet und mehrmals wiederholt wird.

8 Sie sind auf einer Party. Alle haben Spaß, sind ungezwungen und amüsieren sich. Ist so eine Feier eine Gelegenheit für Sie, neue Freundschaften zu schließen?

b Ich brauche zwar ein wenig Zeit, um warm zu werden. Aber dann ist alles möglich.

✓ c Nein, ich öffne mein Herz nicht jedem X-Beliebigen.

a Sicher! Bei der guten Stimmung merkt man doch sofort, ob die Chemie stimmt.

9 Können Sie auch einmal nein sagen, wenn man Sie um etwas bittet?

a Das fällt mir schwer. Außerdem tut es gut, gebraucht zu werden.

✓ c Sicher. Denn wer keine Grenzen setzt, wird viel zu schnell ausgenutzt.

b Wenn mir der Gefallen lästig ist oder die Bitte von flüchtigen Bekannten kommt, lehne ich ab.

10 Was tun Sie, wenn Sie spüren, dass Ihnen unrecht geschieht?

c Ich gehe keiner Konfrontation aus dem Weg und wehre mich massiv.

a Manchmal sage ich lieber nichts, es hat ja doch keinen Zweck.

✓ b Wegen einer Kleinigkeit streite ich mich nicht, aber Grundsätzliches spreche ich offen an.

11 Wie würde ein Urlaub mit Ihren Freunden aussehen?

c Ich übernehme die Planung und bestimme das Tagesprogramm.

✓ b Garantiert sehr nett, aber ab und zu müssten wir auch mal getrennte Wege gehen können.

a Egal, wohin die Reise geht: Hauptsache, ich bin nicht allein.

Das bedeutet Ihr Ergebnis 3

Sie haben überwiegend $\boxed{a}$ **angekreuzt:** Sie sind ein sehr ehrlicher und harmoniebedürftiger Mensch. Kein Wunder, dass man Sie sofort gern hat! Aber Achtung: Ihre treue und gutmütige Seele zieht leider auch Blender und falsche Freunde an. Diese spüren instinktiv, dass man Sie für eigene Zwecke ausnutzen kann. Achten Sie deshalb im Umgang mit anderen mehr darauf, dass auch Ihre Interessen wahrgenommen werden. Setzen Sie Grenzen. Wer es gut mit Ihnen meint, wird die respektieren.

4

Sie haben überwiegend $\boxed{b}$ **angekreuzt:** Mit Ihrer gesunden Selbsteinschätzung und Ihrem Realitätssinn macht Ihnen so schnell niemand etwas vor. Auf Ihre Menschenkenntnis dürfen Sie sich verlassen. Besonders skrupellose Naturen könnten Sie allerdings betrügen. Denen haben Sie durch Ihren Glauben an das Gute zu wenig entgegenzusetzen. Werden Sie in Zukunft also noch hellhöriger, falls Ihr Misstrauen erst einmal geweckt ist. Meist hat das nämlich einen guten Grund.

4

Sie haben überwiegend $\boxed{c}$ **angekreuzt:** Ihnen können keine falschen Freunde zu nahe kommen. Echte allerdings auch nicht. Und das ist schade. Denn mit Ihrer Skepsis könnten Sie auf andere uninteressiert und abweisend wirken, sich auf diese Weise Sympathien verscherzen. Bewahren Sie sich eine gesunde Portion Misstrauen, aber suchen Sie bei neuen Bekanntschaften nicht sofort nach einem Haar in der Suppe. Geben Sie ruhig mal einen kleinen Vertrauensvorschuss, um andere zu testen.

Test 3: Wie kontaktfreudig sind Sie?

Ganz ohne Mitmenschen kommt niemand aus. Aber es gibt nun einmal eher gesellige und eher ungesellige Typen. Wie sieht es bei Ihnen aus – ist es Ihnen eine Herzensangelegenheit, mit anderen Menschen zusammen zu sein? Bitte kreuzen Sie bei jeder Frage $\boxed{a}$ oder $\boxed{b}$ an.

1 Wie viele Menschen könnten Sie noch um Mitternacht anrufen, ohne dass die sich gestört fühlen?

☑ a weniger als fünf
☐ b mehr als fünf

2 Die Menschen, die sich um Ihre Freundschaft bemühen,

☐ a sind meist die, die mich gar nicht so sehr interessieren.
☑ b sind auch genau die, für deren Freundschaft ich mich interessiere.

3 Wenn Sie sich einen Menschen zum Feind machen würden – wodurch?

☑ a Dadurch, dass ich bei anderen Erwartungen wecke, die ich dann nicht erfülle.
☐ b Dadurch, dass ich nicht immer fair und gerecht bin.

4 Sind Sie ein interessanter Charakter?

☑ a Nicht interessanter oder langweiliger als die meisten anderen.
☑ b Ich bin interessanter als die meisten anderen.

5 Wären Sie manchmal gern ein anderer Mensch?

☐ a Ehrlich gesagt: Ja.
☑ b Als Kind hatte ich mal solche Gefühle. Heute nicht mehr.

6 Auf welcher Seite des Tisches sitzen Sie in einem Restaurant lieber?

☐b Dort, wo man die Leute im Lokal beobachten kann.

∨ ☑a Dort, wo man nur den Gesprächspartner am Tisch sieht.

7 Wie halten Sie es mit der Mode?

☐b Ich versuche mich – nach Geldbeutel – der Mode entsprechend zu kleiden.

∨ ☑a Ich habe meinen eigenen Stil und bin der Mode meist hinterher oder voraus – je nachdem, wie man es sieht.

8 Hören Sie einem anderen Menschen immer zu, bis er zu Ende gesprochen hat?

∨☑a Ich bemühe mich darum, und meistens gelingt es auch.

☐b Nur wenn ich in ihn verliebt oder von ihm fasziniert bin.

9 Wie schätzen Sie sich selbst ein?

∨ ☐a Ich bin eher zu leise.

☑b Ich bin eher zu laut.

10 Sie sind zu einem großen Essen eingeladen und sollen drei Stunden mit Ihrem Hausarzt am Tisch sitzen. Wie wäre Ihnen zumute?

☐a Das wäre mir eher peinlich.

∨☑b Ich fände es interessant, diesen Menschen mal länger als nur so kurz in der Sprechstunde zu sehen.

11 Wieder eine große Einladung. Diesmal soll Ihr Tischnachbar ein weltbekannter Nobelpreisträger sein.

∨☑a Das wäre für mich interessant, weil ich solchen Persönlichkeiten gern zuhöre.

b Das wäre für mich ziemlich öde, weil ich diesem Menschen ja nicht viel zu erzählen hätte.

12 Wie gut können Sie sich Namen merken?

a Das ist meine schwache Stelle.
b Da bin ich den meisten Menschen überlegen.

13 Sind Sie schon einmal von einem Fremden nackt gesehen worden?

a Nein. Das wäre ein so gut wie ausgeschlossener Zufall.
b Ja. Zumindest könnte es mir passieren.

14 Wenn Leute sich in Ihrer Gegenwart in den Mittelpunkt spielen möchten,

a gehen sie mir etwas auf die Nerven.
b haben sie einen schweren Stand, weil ich da ja schon bin.

15 Sehen andere Menschen Sie als »schwierig« an?

a Eher ja als nein.
b Vielleicht – aber jeder weiß, was er tun muss, um gut mit mir auszukommen.

Das bedeutet Ihr Ergebnis
Bitte zählen Sie nach, wie oft Sie b angekreuzt haben. Geben Sie sich für jedes b einen Punkt.

Mehr als 12 Punkte: Keine Frage – Sie sind ein geselliger Typ. Unter anderen Menschen fühlen Sie sich am wohlsten. Was nicht bedeutet, dass Sie jeden mögen und es darauf anlegen, von allen gemocht zu werden. Im Gegenteil, das ist Ihnen gar nicht so wichtig. Sie wissen nämlich, dass man auch mit weniger sympathischen Menschen interessante Begegnungen haben kann. Und genau darauf kommt es Ihnen an: Sie brauchen Impulse von außen, und die sind nun einmal ohne reichlich Kontakte gar nicht vorstellbar. Ihre Kontaktfreudigkeit ist beispielhaft und reicht vom unverbindlichen »Wie geht's« bis zu ganz tiefen Gesprächen. Darüber hinaus wissen Sie, wie Sie Leute, die sich wie eine Klette an Sie hängen, wieder »loswerden«. Mag sein, dass Sie auf manche Menschen womöglich anmaßend, aufdringlich oder arrogant wirken. Aber es gibt eigentlich niemanden, der sich nicht trotzdem freut, zu Ihren Bekannten zu gehören.

8 bis 12 Punkte: Sie sind gesellig, aber auf manche Einladungen und Begegnungen könnten Sie genauso gut verzichten. Kein Wunder, denn was Ihre Mitmenschen angeht, sind Sie durchaus wählerisch. Wenn Sie jemanden mögen, geht Ihnen das Herz auf, Sie reden viel und gern und entpuppen sich als Kommunikationsgenie. Aber wehe, Sie treffen auf einen unsympathischen Zeitgenossen. Mit dem werden Sie nicht warm und bemühen sich von vornherein auch gar nicht darum. Das ist natürlich Ihr gutes Recht. Aber Sie nehmen sich durch diese kompromisslose Haltung einige Freude. Es kann nämlich entspannend und aufbauend sein, wenn man einen größeren Bekanntenkreis hat. Ein bisschen mehr Offenheit gegenüber anderen würde diese Entwicklung garantiert beschleunigen.

Weniger als 8 Punkte: Sie sind nicht wirklich ungesellig. Allerdings kommen für Sie bei weitem nicht alle Kontakte und nicht jede Form von Gesellschaft in Frage. Inmitten großer Menschenansammlungen fühlen Sie sich unwohl. Und zu viel »Small Talk« ist Ihnen ein Greuel. Sie suchen eher den interessanten, tiefergehenden Austausch. Und den finden Sie nun einmal nicht an jeder Ecke. Vermutlich verschätzen Sie sich aber ab und an, wenn Sie neuen Leuten begegnen. Denn Menschen, die Witze erzählen, übers Wetter reden oder andere Nichtigkeiten von sich geben, müssen deswegen nicht automatisch oberflächlich und uninteressant sein. Sie pflegen womöglich lediglich die Kunst des leichten Geplauders und möchten höflich sein. Trotzdem könnten sie zu denjenigen gehören, die absolut auf Ihrer Wellenlänge liegen. Geben Sie daher zukünftig auch vermeintlich »banalen« Mitmenschen zunächst einmal eine Chance!

Test 4: Lassen Sie sich schnell provozieren?

Wer zwischen Menschen vermitteln will, braucht viel Fingerspitzengefühl. Haben Sie es? Oder kann man Sie leicht auf die Palme bringen? Bitte beurteilen Sie die folgenden Situationen und kreuzen Sie jeweils an, welche Reaktion für Sie am typischsten wäre.

1 Wer bei einem Streit sein Anliegen nicht in einfachen Worten erklären kann,

☑ a hat meistens unrecht.
☐ b ist zu erregt für klare Argumente.

2 Wer klare Argumente vorbringt,

☐ a hat die Wahrheit auf seiner Seite.
☑ b will vielleicht eigene Überlegenheit demonstrieren.

3 Wer dem Streitpartner in die Augen blicken kann,

☑ a hat ein reines Gewissen.
☐ b ist vielleicht nur »cooler« als der andere.

4 Wer einen Streit abbrechen will,

☑ a ist unsicher.
☐ b zeigt auch menschliche Größe.

5 Wer immer sagt, er versteht den anderen nicht,

☐ a ist bösartig.
☑ b ist gehemmt.

6 Wer mal die Tatsachen verwechselt,

☐ a lügt.
☑ b ist vermutlich einfach nur aufgeregt.

7 Wenn ich den Streit von zwei Menschen miterlebe,

a bekomme ich Angst.

✓ b denke ich: So etwas kommt in den besten Familien vor.

8 Wenn zwei Streithähne anderen durch ihren Konflikt die Laune verderben,

✓ a versuche ich, sie aufzumuntern.

b lasse ich sie erst mal in Ruhe zu sich kommen.

9 Wenn Miesepeter anfangen, an mir herumzunörgeln,

a verbitte ich mir diesen Ton.

✓ b höre ich gar nicht hin.

10 Wenn jemand mich beleidigt und dadurch in einen Streit hineinziehen will,

a gebe ich Widerworte.

✓ b frage ich, was er gegen mich hat.

11 Wenn ein anderer Mensch unsachlich wird, denke ich,

a er ist unsicher.

✓ b er muss Kummer haben, von dem er sich anders nicht befreien kann.

12 Was erwarten Sie von einem Menschen, der Sie bei einem Streit zum Weinen gebracht hat?

a Den sofortigen Abbruch jeder Auseinandersetzung.

✓ b Eine Pause, bis sich jeder beruhigt hat, damit danach dann das Problem in Ruhe besprochen werden kann.

13 Sie versuchen, eine Krise mit Humor zu retten. Der andere geht darauf nicht ein. Was fühlen Sie?

a Ärger, weil er eine versöhnliche Stimmung verhindert.
✓ b Verständnis, weil er sich nicht ernst genommen fühlt.

14 Ein streitlustiger Mensch redet Sie provozierend an. Was tun Sie?

∨ a Ich zahle mit gleicher Münze heim.
b Ich verlasse demonstrativ den Raum.

15 Ein Mann bedroht Sie mit Schlägen.

a Ich bereite mich darauf vor, mich zu verteidigen.
∨ b Ich rufe die Polizei an.

Das bedeutet Ihr Ergebnis   16

Bitte geben Sie sich einen Punkt für jedes b , das Sie angekreuzt haben.

Mehr als 12 Punkte: Sie besitzen sehr viel Einfühlungsvermögen und sind in der Lage, auch schwierige Konfliktsituationen zu entschärfen. Denn sogar, wenn andere Menschen Sie provozieren, behalten Sie einen klaren Kopf und ein sicheres Urteilsvermögen. Außerdem gelingt es Ihnen, hinter jedem verbissen streitenden Querkopf den Menschen zu sehen, der eigentlich gar nicht unbedingt recht haben will, sondern sich eher nach Aufmerksamkeit und Zuneigung sehnt. Mit ihren diplomatischen Fähigkeiten sind Sie in der Lage, auch da noch Frieden zu stiften, wo andere längst Partei ergriffen und sich selbst in den Konflikt verstrickt hätten. Das macht Sie zu einem unschätzbar wertvollen Berater sowohl in beruflicher als auch privater Hinsicht.

8 bis 12 Punkte: Wenn Sie eine Auseinandersetzung hautnah mitbekommen oder selbst in einen Zwist hineingezogen werden, bemühen Sie sich immer um Frieden. Sie versuchen dann, objektiv zu klären, wer recht hat und wer nicht. Aber nicht immer gelingt es Ihnen, auf diese Weise zwischen den Streithähnen zu vermitteln. Denn gelegentlich lassen Sie sich doch provozieren und schlagen sich dadurch zu schnell auf eine der beiden Seiten. Aber wirkliche Einigkeit erreicht nur, wer beiden Parteien gleichermaßen das Gefühl vermitteln kann, verstanden zu werden. Auch der, der (offensichtlich) unrecht hat, sollte sicher sein, als Mensch akzeptiert zu werden. Damit er Kompromisse sucht und von sich aus Versöhnung anbietet. Und das machen Sie ihm durch Ihre gelegentliche Hitzköpfigkeit nicht immer ganz einfach.

Weniger als 8 Punkte: Streit ist Ihnen sehr unangenehm, wenn nicht sogar zuwider. Sie empfinden Auseinandersetzungen schnell als Bedrohung und fühlen sich sofort angegriffen. Um das zu verhindern, schützen Sie sich mit allen Mitteln. Leider häufig nach dem Motto »Angriff ist die beste Verteidigung«. Dabei schlagen Sie dann schnell übers Ziel hinaus und verschlimmern die Situation durch Ihre verbalen Ausfälle. Was viele Mitmenschen völlig überrascht. Denn eigentlich kennt man Sie als ruhigen Zeitgenossen, der jedem Konflikt aus dem Weg geht und stets besonders sanft und freundlich auftritt. Aber man kann Sie nun einmal schnell provozieren. Und wenn Ihr Gegenüber Ihre Sanftheit und Ihre Argumente ignoriert, brechen bei ihnen die Emotionen aus. Meistens poltern Sie dann los oder Sie fressen den Ärger in sich hinein – was aber ebenso ungesund ist. Sie sollten akzeptieren, dass manche Situationen nur in der lebhaften Auseinandersetzung geklärt werden können und Streit dann sogar etwas sehr Produktives wird.

Test 5: Können andere Sie leicht ausnutzen?

Manche Menschen werden von anderen schnell über den Tisch gezogen. Und sie merken oft noch nicht einmal, dass man sie gerade »abzockt«. Gehören Sie auch zu diesen Opferlämmern oder beißt man sich an Ihnen die Zähne aus? Bitte kreuzen Sie jeweils die Antwortmöglichkeit an, die am ehesten auf Ihre Lebenssituation zutrifft.

1 Sie laufen auf einem schmalen Fußweg. Ihnen kommen zwei Personen entgegen, die nebeneinander gehen und die gesamte Breite des Weges in Anspruch nehmen. Die beiden unterhalten sich und machen keine Anstalten, Ihnen auszuweichen. Wie reagieren Sie in dieser Situation?

- [c] Ich mache Platz für die Entgegenkommenden, wenn es zu eng wird.
- √ [b] Ich hoffe, dass die Entgegenkommenden zur Seite gehen, beharre aber nicht auf meinem Recht.
- [a] Ich gehe unbeirrt meines Weges und rempele die beiden notfalls sogar an.

2 Wenn jemand in meinem Bekanntenkreis Probleme hat, bin ich gewöhnlich

- √ [b] einer der Ersten, dem das auffällt.
- [c] der Allererste, dem das auffällt.
- [a] der Letzte, dem das auffällt.

3 Ich helfe anderen Menschen

- [a] wenn sie wirklich nicht mehr weiterwissen.
- √ [b] nur, wenn sie mich darum bitten.
- [c] noch bevor sie mich darum bitten.

4 Sorgen anderer Leute höre ich mir an

    a wenn es nicht zu vermeiden ist.

✓ c so oft sie an mich herangetragen werden.

    b nur, wenn die anderen sonst keinen Menschen haben, der ihnen zuhört.

5 Falls jemand Geld braucht,

✓ b überlegt er sich gründlich, ob er mich darum bittet.

    c kommt er meist zu mir.

    a würde er nicht auf die Idee kommen, mich danach zu fragen.

6 Wenn ein Bekannter mit seinem Leben nicht zurechtkommt, ist das für mich

✓ c ein Schmerz, den ich persönlich spüre.

    b eine normale Angelegenheit, denn jeder gerät mal in Schwierigkeiten.

    a sein eigenes Problem, er soll es selbst ausbügeln.

7 Ich verleihe Sachen

    a nie.

    b ungern.

✓ c gern.

8 Sachen, die ich verliehen habe, bekomme ich

✓ c häufig nicht zurück.

    b manchmal nicht zurück.

    a immer zurück.

9 Bei Gemeinschaftsunternehmungen werden die entstehenden Kosten

- a auf den Pfennig genau geteilt.
- ✓ b ungefähr gleich geteilt – aber ohne lange Rechnerei.
- c selten gerecht verteilt, oft bleibt ein Restbetrag an mir hängen.

10 Wenn ich mit Bekannten essen gehe,

- ✓ b lasse ich mich genauso oft einladen, wie ich andere einlade.
- a zahlt jeder für sich.
- c zahle ich öfter mal für andere mit.

11 Wenn ich etwas brauche,

- ✓ b schaffe ich es meist, jemanden darum zu bitten.
- c fällt es mir schwer, einen anderen darum zu bitten.
- a käme ich nicht auf den Gedanken, jemanden darum zu bitten.

12 Andere Menschen hören mir

- a in aller Regel zu, wenn ich etwas sage.
- b meist zu.
- ✓ c seltener zu, als ich ihnen zuhöre.

13 Manchmal enttäuschen einen sogar die besten Freunde. So etwas ist für mich

- ✓ b eine unangenehme Überraschung.
- a das Übliche – damit muss man rechnen.
- c die größte Katastrophe.

14 Wenn mir jemand unrecht tut,

✓ **b** versuche ich, die Angelegenheit zu klären.

c übergehe ich das in aller Regel.

a kriegt er das voll zurück.

Das bedeutet Ihr Ergebnis

Sie haben überwiegend **a** **angekreuzt:** Keine Sorge – Sie lassen sich nicht ausnutzen! Denn Sie sind ein vorsichtiger Mensch, Lebenserfahrung hat Sie klug gemacht. Sie haben so manche Enttäuschung erlebt, etwa mit Freundschaften oder auch in finanzieller Hinsicht. Dementsprechend lautet Ihr Lebensmotto: »Fehler darf man machen, aber nie denselben Fehler zweimal!« Weil Sie so konsequent sind, wirken Sie auf Ihre Mitmenschen manchmal hart. Aber das ist Ihnen egal. Sie denken nämlich, dass man anderen Leuten eigentlich kaum helfen kann. Weil jeder mit seinem Leben selbst zurechtkommen und vor allem auch aus schlechten Erfahrungen lernen muss. Das ist im Prinzip zwar richtig. Aber es bricht Ihnen trotzdem kein Zacken aus der Krone, wenn Sie zumindest Ihren Freunden künftig etwas häufiger eine hilfreiche Hand reichen würden.

Sie haben überwiegend **b** **angekreuzt:** Sie wissen, dass man Sie gelegentlich ausnutzen kann. Darum nehmen Sie sich ständig vor, gut auf sich aufzupassen. Aber hundertprozentig gelingt Ihnen das trotzdem nicht. Denn Ihr gutes Herz steht Ihnen dabei öfter im Weg – und schon lassen Sie sich doch wieder zu etwas hinreißen, was Sie eigentlich gar nicht wollten. Erschwerend kommt bei Ihnen hinzu, dass Sie Sorgen und Probleme als reichlich lästig empfinden. Und wie eine putzsüchtige Hausfrau sofort einen Fleck beseitigt, der sie stört, möchten Sie, dass Schwierigkeiten möglichst schnell aus Ihrem Blickfeld verschwinden. Deshalb »helfen« Sie anderen viel zu schnell und viel zu oft – manchmal sogar dann, wenn es gar nicht nötig wäre. Was zur Folge hat, dass Sie sich ausgenutzt fühlen, obwohl Sie selbst dazu den Boden bereitet haben. Trainieren Sie daher in Zukunft, sich etwas weniger häufig in fremde Angelegenheiten zu mischen. Und falls man Sie zu sehr einspannen will, sagen Sie bitte ab und zu auch mal »nein«.

Sie haben überwiegend ⊂ **angekreuzt:** Sie ahnen sehr wohl, dass manche Zeitgenossen es geradezu darauf anlegen, andere auszunutzen. Aber das wollen Sie am liebsten gar nicht wahrhaben. Denn Sie träumen von einer Welt, in der alle Menschen fair, hilfsbereit, aufmerksam und gut zueinander sind. Von sich selbst verlangen Sie das natürlich auch. Und so geraten Sie immer wieder in Situationen, in denen Sie sich vor fremde Karren spannen lassen. Leider ist es nämlich relativ leicht, Sie auszunutzen, Sie sind einfach zu gutmütig! Wenn man Sie wieder mal über den Tisch gezogen hat, sind Sie bitter enttäuscht. Aber eigentlich dürften Sie den anderen keine Vorwürfe machen, Sie drängen Ihre Hilfsbereitschaft ja geradezu auf. Ist es da ein Wunder, dass Ihr Umfeld davon nur zu gern Gebrauch macht? Es nützt alles nichts, in Zukunft sollten Sie konsequenter an sich und Ihre eigenen Interessen denken und die der anderen (erst einmal) vernachlässigen. Sonst gehen Sie auf Dauer unter.

Test 6: Hören Sie anderen zu?

Am einfachsten lernt man fremde Menschen kennen, indem man ihnen Aufmerksamkeit schenkt und ihnen zuhört. Können Sie das? Bitte kreuzen Sie an, zu wie viel Prozent Sie den folgenden Kriterien entsprechen, die gutes Zuhören erst möglich machen.

So lange zuhören, bis der Redende sich verstanden fühlt:
☒ 100% ☐ 80% ☐ 60% ☐ 40% ☐ 20% ☐ 0%

Nicht mit Worten unterbrechen:
☐ 100% ☒ 80% ☐ 60% ☐ 40% ☐ 20% ☐ 0%

Nicht durch aufdringliche Körpersprache unterbrechen:
☒ 100% ☐ 80% ☐ 60% ☐ 40% ☐ 20% ☐ 0%

Weder mit Worten, noch körpersprachlich einschüchtern:
☒ 100% ☐ 80% ☐ 60% ☐ 40% ☐ 20% ☐ 0%

Beim Zuhören nicht schon eigene Gedanken formulieren:
☐ 100% ☒ 80% ☐ 60% ☐ 40% ☐ 20% ☐ 0%

Meinungen bilden und Urteile erst dann fällen, wenn alle Fakten auf dem Tisch liegen:
☒ 100% ☐ 80% ☐ 60% ☐ 40% ☐ 20% ☐ 0%

Den Gefühlsgehalt der Aussagen verstehen (und dies nicht gegen den Menschen richten, der Gefühle äußert):
☒ 100% ☐ 80% ☐ 60% ☐ 40% ☐ 20% ☐ 0%

Beim Zuhören nicht mit den Gedanken abschweifen:
☒ 100% ☐ 80% ☐ 60% ☐ 40% ☐ 20% ☐ 0%

Beim Zuhören nicht an sich selbst denken:
☐ 100% ☒ 80% ☐ 60% ☐ 40% ☐ 20% ☐ 0%

Fragen stellen, statt Bewertungen abzugeben:
☐ 100% ☒ 80% ☐ 60% ☐ 40% ☐ 20% ☐ 0%

Nachfragen, ob man die wichtigsten Fakten richtig wiedergibt:
☒ 100% ☐ 80% ☐ 60% ☐ 40% ☐ 20% ☐ 0%

Anfragen, ob man einen Rat geben dürfte:
☐ 100% ☒ 80% ☐ 60% ☐ 40% ☐ 20% ☐ 0%

Das bedeutet Ihr Ergebnis

Bitte lesen Sie die obenstehenden Kriterien noch einmal Menschen aus Ihrem Umfeld vor und fragen Sie sie: »Zu wie viel Prozent erfülle ich diesen einzelnen Punkt?«

Bei der Auswertung ist grundsätzlich anzumerken, dass die Einschätzung Ihrer Mitmenschen schwerer wiegt als Ihre Selbsteinschätzung! Sie mögen sich ja vielleicht für einen guten Zuhörer halten. Aber das Entscheidende ist doch, ob man Sie tatsächlich als einen solchen empfindet – oder eben nicht. Um zu erfahren, wo Sie stehen, sollten Sie sich daher besonders all jene Punkte genauer ansehen, in denen Sie selbst sich positiver beurteilen, als Ihre Mitmenschen es tun. Wiederholen Sie diesen Test regelmäßig. Und versuchen Sie, im Lauf eines Jahres in allen Kriterien auf 80 Prozent zu kommen, es lohnt sich!

Test 7: Gehen Sie anderen manchmal auf die Nerven?

Manche Menschen halten sich für allwissend, perfekt und oberschlau. Gerade das macht sie zu echten »Nervensägen«. Gehören Sie womöglich zu dieser unbeliebten Spezies? Oder kennen Sie die Alarmzeichen, ab wann man für andere eher lästig wird? Bitte kreuzen sie alle Aussagen an, die auf Sie zutreffen.

- ☒ Wenn jemand von einer Reise erzählt, weiß ich meist so viel über das Urlaubsziel, dass ich seinen Bericht mit Tatsachen über Land und Leute und eigenen Erlebnissen anreichern kann.
- ☒ Ich erzähle öfter davon, welche bekannten und berühmten Menschen ich kenne.
- ☐ Bevor ich meiner Familie einen Bekannten vorstelle, zeige ich ihm erst einmal Fotos, Filme oder Videos von den Menschen, um die es geht.
- ☒ Ich teile Personen, die nicht religiös sind oder einen anderen Glauben haben, immer wieder die Wahrheit über Religion mit.
- ☒ Wenn ich Menschen helfe oder ihnen einen Rat gebe, läuft es meist darauf hinaus, dass ich mich als Vorbild anbieten kann – ja geradezu muss!
- ☒ Ich rede besonders häufig über Themen, zu denen ich mehr weiß als meine Gesprächspartner.
- ☒ Es ist peinlich, sich danebenzubenehmen. Wenn das anderen passiert, helfe ich gern, indem ich sie auf ihr Fehlverhalten hinweise.
- ☒ Ich kaufe nur Kleidung, die mir wirklich steht. Lieber verbringe ich Stunden in Läden, als dass ich mich beim Einkauf hetzen lasse.
- ☐ Meinen Stil in Sachen Mode zeige ich offen.
- ☒ Wenn jemand etwas aus dem Ausverkauf trägt, mache ich ein Kompliment für den günstigen Einkauf.

☐ Bei einem Besuch in fremden Wohnungen fallen mir meist gute Einrichtungstipps für die Gastgeber ein. Die teile ich dann auch mit.

☐ Bei Essens-Einladungen frage ich immer nach dem Rezept. Meist kann ich dann zusätzlich noch mit eigenen Kochtipps aushelfen.

☒ Häufig weiß ich beim Kochen eine noch elegantere Art, das Gericht zu würzen.

☐ Wenn ich abends nach 20 Uhr angerufen werde, reagiere ich ärgerlich, auch wenn ich es gar nicht bin. Andere Menschen müssen lernen, meine Privatsphäre zu achten.

☐ Bei Gesprächen über Politik oder Geschichte kann ich meist wichtige Hintergrundinformationen einbringen, von denen die anderen keine Ahnung haben.

☒ Wenn ein Bekannter etwas erzählt, das wir beide erlebt haben, korrigiere ich ihn, falls etwas an seinen Ausführungen nicht stimmt.

☐ Ich warte nicht gerne in Schlangen (zum Beispiel an Schaltern, an der Ampel, im Verkehrsstau).

☐ So ziemlich das Schlimmste für mich ist, wenn andere Menschen mir die Zeit stehlen.

☒ Ich bin meist so beschäftigt und habe oft so viel Wichtiges zu tun, dass ich andere schon mal auf mich warten lassen muss.

☒ Manche Einladungen muss ich leider in letzter Minute absagen.

☒ Ich werde schnell nervös, wenn Leute zu langsam reden oder sich umständlich ausdrücken.

☒ Wenn mir auffällt, dass ein Bekannter schlecht aussieht, sage ich ihm das auch.

☒ Und falls er mir das nicht glauben will, schicke ich ihn zum Arzt.

☐ Ich spreche über die Leiden der anderen immer völlig offen.

☒ Ich geniere mich auch nicht, ausführlich über meine eigenen Krankheiten zu berichten.

Das bedeutet Ihr Ergebnis

Mehr als 20 Kreuze: Sie werden die Wahrheit nicht gern lesen. Aber tatsächlich sind Sie für Ihre Mitmenschen manchmal eine Last – weil Sie es nicht lassen können, sie zu belehren. Es mag ja sein, dass Sie wirklich klüger sind als alle anderen, aber Sympathien bringt Ihnen das nicht ein. Schlimmer noch: Sie nerven nicht nur Ihr Umfeld, sondern tun sich selbst mit Ihrer Besserwisserei keinen Gefallen. Denn das macht Sie zu einem relativ unbeliebten Zeitgenossen. Dabei sind Sie doch eigentlich ein netter Mensch mit vielen positiven Eigenschaften. Trotzdem bekommen Sie weniger Freundlichkeit zurück, als Sie verdient hätten. Weil mancher schon mit den Augen rollt und genervt das Weite sucht, sobald Sie anfangen, Ihre ersten Kommentare abzusondern. So schwer es also fällt: Beißen Sie sich in Zukunft ab und zu mal auf die Zunge und platzen Sie nicht immer sofort damit heraus, falls Sie mal etwas (besser) wissen. Ihr strapaziertes Umfeld wird es Ihnen danken und künftig deutlich netter zu Ihnen sein.

15 bis 20 Kreuze: Sie bemühen sich stets um die Durchsetzung Ihrer persönlichen Interessen. Das ist zunächst nichts Verwerfliches. Aber Sie betreiben das manchmal so intensiv, dass Sie Ihren Mitmenschen damit regelrecht auf die Nerven gehen. Das geschieht vor allem dann, wenn Sie andere übermäßig kritisieren und korrigieren. Doch niemand möchte ständig bevormundet werden. Insbesondere dann nicht, wenn er ahnt, im Unrecht zu sein. Denn dann kommt zur Kritik, die er einstecken muss, auch noch das Eingeständnis, dass dieser Tadel berechtigt ist. Sie würden sich und Ihrem Umfeld das Leben erleichtern, wenn Sie Fehler anderer Leute öfter stillschweigend übersehen könnten. Das hätte noch einen positiven Nebeneffekt: Wer selbst so großzügig und tolerant auftritt, muss nicht fürchten, von Außenstehenden überkritisch begutachtet zu werden.

10 bis 14 Kreuze: Sie haben einen klugen Mittelweg gefunden zwischen Freundlichkeit und Penetranz. Denn einerseits wissen Sie, dass man sein Umfeld nicht immer nur mit Glacéhandschuhen anfassen darf. Sondern dass ab und zu nur Klartext hilft. Dementsprechend sind Sie gelegentlich gezwungen, aufdringlich zu sein – um nicht übersehen und überhört zu werden. Andererseits ist es Ihnen natürlich am liebsten, Sie müssen zu dieser abschreckenden »Waffe« gar nicht erst greifen, sondern können umgänglich und freundlich auftreten. Da Sie also sowohl die diskrete als auch die indiskrete Spielart im Umgang mit anderen Menschen beherrschen, kommen Sie hervorragend mit Ihren Zeitgenossen aus.

Weniger als 10 Kreuze: Vermutlich haben Sie Angst, dass Sie anderen Menschen auf die Nerven gehen könnten, doch diese Furcht ist ganz und gar unbegründet. Im Gegenteil: Sie sind viel zu gefällig, viel zu zuvorkommend. Immer versuchen Sie, sich vorrangig danach zu richten, was anderen gefällt. Und das nur, damit Sie bloß keinen Anstoß erregen, möglichst nicht einmal Aufmerksamkeit auf sich lenken. Und Ihre Rechnung geht auf – Sie fallen tatsächlich keine Spur auf, man ignoriert Sie häufig oder sogar ständig. Das Fatale an dieser Situation: Sie überlassen ohne Not denjenigen das Feld, die sich mit deutlich mehr Dreistigkeit sowieso immer in den Vordergrund drängen. Was schade ist, denn eigentlich hätten gerade Sie eine Menge (dagegen) zu sagen! Mischen Sie sich daher öfter mal ein.

Test 8: Wirken Sie sympathisch?

Mancher macht schnell neue Bekanntschaften, wird eingeladen. Anderen gelingt das nie, so viel Mühe sie sich auch geben. Der Grund sind oft unbewusste Signale, mit denen wir andere anziehen oder auf Distanz halten. Der Test verrät Ihnen, welches Bild Sie anderen von sich vermitteln. Bitte kreuzen Sie jeweils die Antwortmöglichkeit an, die am typischsten für Sie ist.

1 Habe ich mich am Telefon mal verwählt,

c sage ich nur kurz »falsch verbunden« und lege sofort auf.

b lege ich wortlos auf, sobald ich es merke.

✓ a frage ich nach der Nummer, entschuldige mich und lege dann auf.

2 Nehmen Sie sich auch mal selbst auf den Arm?

a Nein, aber ich nehme gern mal andere auf die Schippe.

b Nur in Gegenwart vertrauter Menschen.

✓ c Ja, ich lache häufig auch über mich selbst.

3 Sie steigen in einen Bus. Auf den wenigen freien Plätzen haben einige Fahrgäste ihre Taschen abgestellt. Wo suchen Sie sich Ihren Platz?

c Wenn niemand seine Tasche freiwillig wegnimmt, suche ich mir eben einen Stehplatz.

✓ a Ich bitte jemanden, seine Tasche wegzunehmen und setze mich neben ihn.

b Ich suche mir keinen Sitzplatz, sondern stelle mich lieber gleich hin.

4 Worüber sprechen Sie hauptsächlich mit Kollegen am Arbeitsplatz?

b Nur über das, was mein Gegenüber interessiert.

✓ c Über Alltagsthemen, Kinofilme oder ein gutes Buch.

a Über meine Probleme und Erlebnisse.

5 Sie sind auf einer Veranstaltung, wo Sie kaum jemanden kennen. Wie meistern Sie die Situation?

c Ich höre, worüber so gesprochen wird. Und wenn mich etwas
interessiert, bleibe ich in einer Runde dabei.

b Ich halte mich an die wenigen Personen, die ich kenne.

✓ a Ich spreche einfach ein paar Leute an. Dann wird es ganz
schnell ein netter Abend.

6 Wenn ich fremde Menschen kennenlerne, dann

a ist es mir wichtig, schnell einen guten Draht zu ihnen zu finden.

c erzähle ich auch etwas von mir – aber nur so viel, wie für das
Gespräch nötig ist.

✓ b lasse ich erst mal nur die anderen reden, um möglichst viel
über sie zu erfahren.

7 Was machen Sie am liebsten in Ihrer Freizeit?

✓ b Ich lese viel und mache es mir zu Hause nett. Oder ich unter-
nehme etwas mit der Familie.

c Ich ziehe mit Freunden los, entweder geht's ins Kino oder ins
Restaurant.

a Ich gehe mit der Clique auf Kneipentour. Und am Wochenende unternehmen wir gemeinsam Ausflüge.

8 Wie oft werden Sie auf Partys eingeladen?

a Ich bin ständig auf Achse. Irgendwer feiert immer irgendwas.

c Alle ein bis zwei Monate bin ich schon mal bei Freunden eingeladen.

✓ b Selten, ich habe nicht so viele Freunde.

9 Sie waren taktlos zu einem Freund, jetzt ist er gekränkt. Was sagen Sie zu ihm?

✓ c »Entschuldige, das war unüberlegt von mir!«

a »Das sollte doch nur ein Scherz sein.«

b »So schlimm war's nun auch wieder nicht.«

10 Betriebsfeier der Firma. Sie kommen zu spät. Hält jemand einen Platz für Sie frei?

a Nicht nur einer, meist könnte ich an mehreren Tischen sitzen.

✓ c Ja, der liebste Kollege hält einen Stuhl frei.

b Nein, ich setze mich dorthin, wo Platz ist.

11 Sie feiern einen runden Geburtstag. Wie viele Leute laden sie dazu ein?

b Es gibt keine Party. Ich feiere mit der Familie.

a Da mache ich eine Riesensause, dreißig Leute und mehr sind bestimmt dabei.

✓ c Wie immer meine besten Freunde. Das sind so um die zehn bis fünfzehn.

Das bedeutet Ihr Ergebnis

3

Sie haben überwiegend a **angekreuzt:** Sie sind ein echter Partytyp. Wo gefeiert wird, sind Sie bestimmt mitten im Getümmel zu finden. Ihre spontane und fröhliche Art wirkt einfach ansteckend und sympathisch. Deshalb sind Sie überall gern gesehen. Es fällt Ihnen auch leicht, neue Kontakte zu knüpfen. Doch so mancher hält Sie deshalb für eher oberflächlich. Bedenken Sie, dass Freundschaften nicht nur von einer Fete zur nächsten halten sollten. Sondern dass es fast wichtiger ist, diese Verbindungen auch dazwischen – also im Alltag – zu pflegen. Erst wenn Ihnen das gelingt, besitzen Sie Freunde, auf die Sie sich auch in Krisenzeiten verlassen können.

3

Sie haben überwiegend b angekreuzt: Sie kommen anderen Leuten nicht so schnell nah. Weil es Ihnen schwerfällt, mit Menschen warm zu werden. Am wohlsten fühlen Sie sich in Ihrer eigenen kleinen Welt. Dadurch wirken Sie auf andere relativ verschlossen und sammeln selten Sympathiepunkte. Ihre wenigen Freunde kennen das und lassen sich davon nicht abschrecken. Aber Fremden erschweren Sie es, Sie zu mögen. Doch kein Mensch ist eine Insel, wir brauchen soziale Kontakte. Erleichtern Sie daher zukünftig Ihrem Umfeld die Sache, indem Sie sich wenigstens dann und wann näher auf neue Bekanntschaften einlassen.

5

Sie haben überwiegend c angekreuzt: Sie sind unkompliziert und selbstbewusst, treten aber nicht überheblich auf. Nein, Sie geben sich bewusst bescheiden und hilfsbereit. Das alles macht Sie zu einem sehr beliebten Mitmenschen. Ihr Freundeskreis ist trotzdem überschaubar. Denn für Sie zählt nicht Masse, sondern Klasse. Recht so! Trotzdem sollten Sie gelegentlich doch mal ein paar neue Menschen in Ihren eingeschworenen Freundeskreis hineinlassen. Sie werden staunen, wie das die Runde insgesamt belebt!

Test 9: Erkennen Sie, wer im Recht ist?

Manchmal wird man in einen Streit hineingezogen. Dann ist es wichtig, auf Indizien zu achten, die einen erkennen lassen, welche Partei im Recht ist – und welche nicht. Bitte kreuzen Sie »Ja« an, wenn Sie in den folgenden zehn Aussagen über »Streithähne« solch ein Zeichen entdecken:

1 Wer bei einem Streit noch lachen kann, hat meist die Wahrheit auf seiner Seite. _____ ☒ Ja ☒ Nein

2 Wer schreit, hat Unrecht. _____ ☒ Ja ☐ Nein

3 Wer unsachlich wird, auf dessen Meinung braucht man nichts zu geben. _____ ☒ Ja ☐ Nein

4 Wer einen Streit vorschnell abbricht, ist sich seiner Sache nicht sicher. _____ ☐ Ja ☒ Nein

5 Wer bei einem Streit weint, versucht Sympathie zu erwecken, weil er keine Argumente hat. _____ ☒ Ja ☐ Nein

6 Wer konsequent, ruhig und sachlich argumentiert, hat die Wahrheit auf seiner Seite. _____ ☒ Ja ☐ Nein

7 Wer den Argumenten des anderen nicht folgen kann, ist nicht ernst zu nehmen. _____ ☐ Ja ☒ Nein

8 Wer rot wird, ist bei einer Lüge ertappt worden. _____ ☒ Ja ☒ Nein

9 Wer nach Worten ringt, stottert oder in unvollständigen Sätzen spricht, hat meist unrecht. _____ ☒ Ja ☐ Nein

10 Wer jedes Argument seines Gegners widerlegt, muss einfach recht haben. _____ ☐ Ja ☒ Nein

Das bedeutet Ihr Ergebnis

8 oder mehr »Ja«: Sie sind leider kein guter Friedensstifter. Denn bei Ihnen bekommt recht, wer souverän und gelassen auftritt – etwa wie ein Rechtsanwalt oder ein Staatsanwalt vor Gericht. Bedenken Sie aber: Nirgends wird so viel gelogen wie vor Gericht. Bei jeder Verhandlung verliert einer der beiden Anwälten den Prozess (hat also gerichtlich bescheinigt unrecht gehabt). Außerdem schließt sich das Gericht bei vielen Prozessen keiner von beiden Seiten an. Was bedeutet, dass die Wahrheit bei keinem der Anwälte zu finden war. Kurz gesagt: Wer Frieden unter Menschen stiften will, muss wie ein guter Richter handeln. Er darf sich nicht vom Auftreten eines Menschen oder von seinem Profit bei Auseinandersetzungen blenden lassen. Wenn Sie also das nächste Mal wieder darum gebeten werden, einen Streit zu schlichten, achten Sie mehr auf die Inhalte der Argumente und weniger darauf, wie (scheinbar überzeugt und souverän) sie vorgetragen werden.

4 bis 7 mal »Ja«: Sie bemühen sich redlich, gerecht zu urteilen. Und meist erkennen Sie bei einem Streit auch vorbildlich, wer im Recht ist. Aber leider reicht selbst ein faires Urteil oft nicht dafür aus, dass zerstrittene Menschen endlich ihren Frieden finden. Denn tatsächlich haben meist beide Parteien ein bisschen recht. Oder anders ausgedrückt: Nie hat einer allein die Wahrheit für sich allein gepachtet. Um daher beiden Seiten gerecht zu werden, sollten Sie jeder Partei deutlich signalisieren, dass recht haben und recht bekommen nicht immer zwangsläufig dasselbe sind ...

3 mal »Ja« und weniger: Ihnen kann man als Schlichter und Friedensstifter trauen. Denn sie lassen sich weder von starkem Auftreten blenden, noch davon, dass eine Partei »die menschliche Karte« zieht und auf der Mitleidswelle reitet. Nein, Sie sorgen immer fair und unbestechlich dafür, dass beide Seiten ausgiebig gehört werden. Und wenn das geschieht, ergibt sich der wirklich Frieden stiftende Kompromiss meist von selbst.

Test 10: Wirken Sie bedrohlich auf andere?

Jeder hält sich selbst für friedlich. Dabei sind wir längst nicht immer die Unschuldslämmer und die anderen nicht automatisch böse Wölfe. Sondern jeder von uns kann aggressiv und einschüchternd wirken. Dieser Test sagt Ihnen, ob Sie andere Menschen womöglich insgeheim verunsichern beziehungsweise ihnen vielleicht sogar Angst einjagen. Bitte kreuzen Sie jeweils die Antwortmöglichkeit an, die am ehesten für Sie stimmig scheint.

1 Ein Kollege ist schwer erkrankt. Einige in Ihrer Abteilung sind von Schreck und Mitleid gerührt. Und Sie?

c Ich zeige meine Sorgen um den Kollegen ebenfalls ganz offen.

b Wenn die anderen sich nicht zusammenreißen können, versuche ich es wenigstens.

a Ich verteile als Erstes die Arbeit des Kollegen möglichst gerecht auf uns alle.

2 Eine Frau winkt Ihnen nachts auf einer einsamen Waldstraße neben einem geparkten Auto zu. Halten Sie an?

a Nein, ich fahre weiter. Solche Situationen sind zu gefährlich und oftmals eh nur eine Falle.

b Nicht sofort, aber ich bremse 50 Meter hinter der Frau und rufe ihr zu, dass ich die Polizei vorbeischicke.

c Ja ich halte an, trotz möglicher Gefahr.

3 Drei Kinder kommen Ihnen in der Fußgängerzone entgegen und weichen nicht aus. Machen Sie der Gruppe Platz?

✓ c Nein, ich bleibe stehen. Vielleicht haben sie mich ja noch nicht richtig bemerkt.

b Ja, ich mache einen Bogen um die Kinder.

a Nein, ich gehe meinen Weg weiter – direkt durch die freche Gruppe hindurch.

4 Sie haben diesen Test bis hierhin ausgefüllt. Jetzt werden Sie dabei von einer Person unterbrochen. Wie reagieren Sie?

c Ich frage, was ich für diese Person tun kann.

b Ich brauche erst einmal eine Pause zum Umschalten.

✓ a Ich sage: »Moment. Erst mal möchte ich den letzten Satz zu Ende lesen.«

5 Sie ärgern sich, weil ein Bekannter schon wieder zu spät zu einer Verabredung kommt.

c Ich sage ihm, dass mich seine Bummelei heute ziemlich gewurmt hat.

b Ich sage gar nichts. Das bringt ja nur neuen Ärger.

✓ a Ich sage ihm, dass er endlich mal seine Unpünktlichkeit ablegen muss.

6 Was trifft Ihrer Ansicht nach am ehesten auf dumme Menschen zu?

c Die sollten zur Schule geschickt werden.

a Die sollten bescheiden sein und öfter den Mund halten.

✓ b Die sollten erst nachdenken, bevor sie reden.

7 Sie sehen den Mann Ihrer Nachbarin, als er gerade seinen Arm um eine andere Frau legt. Was tun Sie?

a Ich erzähle das später meiner Nachbarin.

c Ich spreche den Mann bei nächster Gelegentlich darauf an.

b Ich schaue weg und vergesse die Sache.

8 Sie hüten einen Tag lang die temperamentvollen dreijährigen Zwillinge von Bekannten. Wie fühlen Sie sich nach acht Stunden? Müde und

c glücklich.

b erschöpft.

a genervt.

9 Bei sonnigem Wetter ist im Stadtpark eine Menge los. Zwischen den Spaziergängern tollen auch viele Hunde, die nicht angeleint sind. Was fällt Ihnen zu dieser Situation ein?

c Das ist eine tolle Gelegenheit, um neue Menschen kennenzulernen.

b So lange die Besitzer aufpassen, ist alles in Ordnung.

a Das kann mit Ärger und einer Schadenersatzklage enden.

10 Wozu fühlen Sie sich heute schon zu alt?

b Für lächerliche Modetrends.

a Für Späßchen und Albernheiten.

c Für die Jagd nach immer mehr Geld.

11 Ein anderer Autofahrer nimmt Ihnen die Vorfahrt, aber Sie können noch abbremsen. Was machen Sie danach?

a Ich überlege, ob es nicht richtig wäre, den Fahrer anzuzeigen.

✓ b Ich schimpfe hinter ihm her.

c Ich schüttele nur den Kopf.

12 Ihr Partner erzählt auf einer Feier zum x-ten Mal denselben Witz. Sie lachen trotzdem,

b weil Sie den Witz ganz nett finden.

✓ a um ihn nicht bloßzustellen.

c weil die anderen Leute den Witz ja noch nicht kannten.

13 Wie wird Ihr Leben in einem Jahr vermutlich aussehen?

c Nicht viel anders als heute.

✓ b Hoffentlich besser als heute.

a Manchmal glaube ich: nicht so gut wie heute.

Das bedeutet Ihr Ergebnis

Sie haben überwiegend a angekreuzt: Sie werden es vermutlich nicht glauben, aber es gibt Menschen, die vor Ihnen Angst haben. Natürlich zittern die Leute bei Ihrem Anblick nicht gleich wie Espenlaub. Aber sie sind in Ihrer Gegenwart ständig auf der Hut, fürchten Ungemach. Und das liegt an Ihnen. Denn Sie verhalten sich anderen gegenüber eher abwartend und unpersönlich. Ein falsches Wort reicht dann oftmals schon, damit Sie unfreundlich oder sogar aggressiv werden. Und warum? Weil Sie selbst ebenfalls Angst haben. Davor, dass man Sie durchschaut. Sie besitzen nämlich eine rauhe Schale – aber eben auch einen weichen Kern. Und den möchten Sie vor Außenstehenden am liebsten geheim halten. Im zwischenmenschlichen Umgang ist das nicht immer zweckmäßig. Zeigen Sie also öfter mal, dass Sie auch nur ein Mensch sind. Offenbaren Sie wenigstens gelegentlich auch Ihre soften Seiten und Ihre Gefühle. Das wird anderen die Furcht vor Ihnen nehmen.

Sie haben überwiegend b angekreuzt: Angst haben andere Menschen nicht vor Ihnen. Aber einige fühlen sich in Ihrer Gegenwart dennoch unsicher und unbehaglich. Man weiß nämlich nie so recht, woran man bei Ihnen ist. Denn Sie geben sich zugeknöpft, man kann Sie nur sehr schwer einschätzen. Nehmen Sie daher anderen die Scheu vor sich und treten Sie einfach noch etwas freundlicher und umgänglicher auf. Sie sind doch gar nicht so unnahbar, wie Sie immer tun.

Sie haben überwiegend c angekreuzt: Sie haben auf niemanden eine bedrohliche Wirkung. Denn sie besitzen ein hervorragendes Einfühlungsvermögen sowohl in Menschen als auch in knifflige Situationen. Egal, ob Sie auf eine Sache freundlich oder ernst reagieren – niemand fühlt sich von Ihnen angegriffen oder verletzt. Im Gegenteil: Außenstehende spüren instinktiv, dass sie bei Ihnen gut aufgehoben sind, sogar wenn Sie mit ihnen mal etwas härter ins Gericht gehen. Das verdanken Sie Ihrer Fairness und Ihrem Gerechtigkeitssinn. Weiter so!

Test 11: Zeigen Sie Charakter?

Was ist für ein funktionierendes Zusammenleben wichtiger: Ehrlichkeit oder Höflichkeit? Zeigen Sie überwiegend Charakter oder gehen Sie gern mal den bequemen Weg und verschanzen sich hinter belanglosen Liebenswürdigkeiten? Beantworten Sie die folgenden Fragen bitte mit »Ja« oder »Nein«.

1 Hören Sie Menschen interessiert zu, auch wenn Sie langweiliges Zeug reden? _____ ☑ Ja ☐ Nein

2 Schmeichelt es Ihnen, wenn andere Leute gebannt an Ihren Lippen hängen? _____ ☑ Ja ☐ Nein

3 Gestehen Sie immer ein, wenn Sie im Unrecht sind? _____ ☑ Ja ☐ Nein

4 Reden Sie selbst fast immer sachlich und vermeiden gefühlsbetonte Bemerkungen? _____ ☐ Ja ☑ Nein

5 Haben Sie Ihre Lautstärke fast immer unter Kontrolle? _____ ☑ Ja ☐ Nein

6 Gebrauchen Sie manchmal Kraftausdrücke? _____ ☐ Ja ☑ Nein

7 Wollen Sie bei Diskussionen immer nur mit Sachargumenten überzeugen? _____ ☐ Ja ☑ Nein

8 Setzen Sie bei Diskussionen gerne Ihren Charme ein? _____ ☑ Ja ☐ Nein

9 Reagieren Sie auf unsachliche Argumente meist ebenfalls unsachlich? _____ ☐ Ja ☑ Nein

10 Wenn Sie einen Menschen nicht verstehen, fragen Sie immer sofort nach? _____ ☑ Ja ☐ Nein

11 Wenn Sie etwas erzählen, sorgen Sie dafür, dass auch der Ungebildetste Ihnen folgen kann? _____ ☑ Ja ☐ Nein

12 Merkt man es Ihnen an, wenn Sie innerlich
erregt sind? _____ ☐ Ja ☑ Nein

13 Gibt es meist etwas zu lachen, wenn Sie
mit anderen Menschen diskutieren? _____ ☑ Ja ☐ Nein

14 Korrigieren Sie Ihre Gesprächspartner,
wenn sie etwas falsch darstellen? _____ ☑ Ja ☐ Nein

15 Sind Sie den meisten Menschen rhetorisch
überlegen? _____ ☐ Ja ☑ Nein

16 Haben viele Menschen Angst, mit Ihnen
zu diskutieren, weil Sie drastisch werden
können? _____ ☑ Ja ☐ Nein

6 / 2

Das bedeutet Ihr Ergebnis

Bitte geben Sie sich jeweils einen Punkt für »Ja« bei den
Fragen 1, 4, 5, 7, 8, 10, 11, 14, 15 und einen Punkt für »Nein«
bei den Fragen 2, 3, 6, 9, 12, 13 und 16.

Weniger als 6 Punkte: In Gespräch und Umgang mit anderen
Menschen sind Ihnen Charakter und Ehrlichkeit besonders
wichtig. Sie gehören nämlich dem »Verein für deutliche Aus-
sprache« an und scheuen keine kräftigen Worte und keine
harten Argumente. Ihr Ziel in Gesprächen und im Umgang
mit anderen Menschen ist stets, für klare Verhältnisse zu sorgen. Diplomatisches Können halten Sie dabei für entbehrlich.
Was sich in vielen Situationen als Irrtum herausstellen kann.
Denn oftmals werden mit Einfühlungsvermögen und Taktge-
fühl Wogen nachhaltiger geglättet als mit brutaler Ehrlichkeit. Und manche schwelende Auseinandersetzung konnte so
schon im Keim erstickt werden. Legen Sie daher Ihre Gering-
schätzung für diplomatische Zwischentöne ab, denn die bringen manchmal erstaunlich viel. Probieren Sie es mal aus – ab

und zu kommt man mit Liebenswürdigkeit einfach schneller zum Ziel!

$\vee$

6 bis 11 Punkte: In Ihrem Beziehungen zu anderen Menschen haben Sie sich für den goldenen Mittelweg entschieden. So besitzen Sie viel Charakter und können auch einmal eine unbequeme Meinung äußern. Aber sie beharren nicht darauf, Ihr Umfeld stets und auf Biegen und Brechen überzeugen zu müssen. Deshalb lassen Sie auch Ansichten gelten, denen Sie selbst nicht zustimmen. Wenn Sie eine Person wirklich einmal überzeugen möchten, hören Sie zunächst höflich und genau zu, was Ihr Gegenüber zu sagen hat. Denn Sie wissen: Nur ein Mensch, der sich verstanden fühlt, ist bereit, sich zu ändern. Mit dieser Strategie haben Sie schon viele verbale Schlachten gewonnen – und dass, ohne den (Meinungs-)Gegner verletzt zu haben, Glückwunsch!

Mehr als 11 Punkte: Ihr Verhältnis zur Außenwelt ist geprägt von Höflichkeit, Rücksichtnahme, Vernunft und Sachlichkeit. Auch lieben Sie eher die leisen Töne – was aber nicht heißt, dass Sie sich nicht durchsetzen könnten. Im Gegenteil: Sie überzeugen mit viel diplomatischem Geschick und kommen dadurch mit allem, was Sie sich vornehmen, früher oder später zum Ziel. Weil Sie einen Gesprächspartner nie provozieren oder gar beleidigen würden, bringt man Ihnen Hochachtung entgegen. Und das ist Ihr Geheimnis. Denn die Menschen achten nicht nur Sie – sondern ebenso aufmerksam auf Ihre Worte und Argumente.

Test 12: Können Sie Ihre Neugier verbergen?

Manchmal reicht ein unbedachtes Wort, und schon gilt man als neugierig, oder einem haftet der Ruf des »Schnüfflers« an. Dabei ist Neugier etwas ganz Normales und Menschliches. Jeder kümmert sich auf seine Weise darum, was seine Mitmenschen tun. Für manche hat die Information nur Unterhaltungswert, andere sorgen sich ernsthaft um ihre Nächsten, und manch einer versucht durch Neugier sein eigenes Privatleben zu schützen. Auf jeden Fall ist es aber von Vorteil, wenn einem niemand anmerkt, dass man beobachtet, was um einen herum passiert. Gelingt Ihnen das? Bitte kreuzen Sie jeweils die Antwortmöglichkeit an, die am typischsten für Sie ist.

1 Sie hören im Treppenhaus, wie sich das Nachbarehepaar streitet. Wie reagieren Sie darauf?

- ✓ c Ich bleibe stehen, um zu hören, worum es geht.
- a Ich gehe weiter, weil Streit überall vorkommt.
- b Ich gehe weiter, weil ich nicht beim Lauschen ertappt werden will.

2 Wenn Sie ein Tier sein könnten – was wären Sie am liebsten?

- b Eine Katze, die tun kann, was sie möchte.
- ✓ c Ein Vogel in einem großen Schwarm.
- a Ein gemütlicher Elefant in der Steppe.

3 Welche TV-Sendungen würden Sie gern häufiger sehen?

- c Talkshows mit prominenten Gästen.
- a Nachrichten und Verbrauchermagazine.
- ✓ b Dokumentationen aus Natur und Wissenschaft.

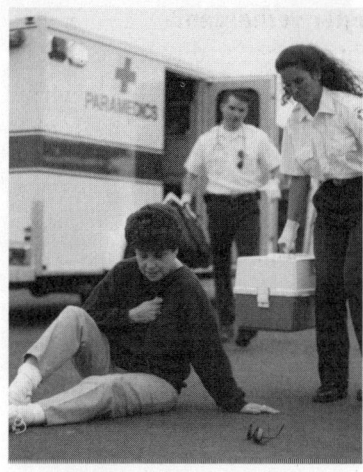

4 Wie verhalten Sie sich in dieser Situation?

- a Ich gehe weiter.
- b Ich sehe kurz hin, gehe weiter und frage später die Nachbarn, was geschehen ist.
- ✓ c Ich gehe hin und schaue nach, was los ist.

5 Sie sitzen im Café. Am Nebentisch tuschelt ein Paar. Lauschen Sie?

- a Nein, die beiden sind mir gleichgültig.
- c Ja, ich versuche zu erfahren, worum es geht.
- ✓ b Nein, das geht mich nichts an.

6 Haben Sie schon mal in einer fremden Wohnung in Schränken geschnüffelt?

- b Nur in meinem engsten Freundeskreis.
- a Nein, noch nie.
- ✓ c Ja, gelegentlich, aber nur mal so aus Spaß.

7 Wie finden Sie es, wenn Prominente ihr Privatleben öffentlich ausplaudern?

- a Jeder sollte seine Privatsachen für sich behalten.
- b Gut, so lange die Intimsphäre gewahrt bleibt.
- c Spannend: Je mehr Details, desto besser.

8 Was machen Sie an einem verregneten Sonntagnachmittag?

- c Ich blättere meine Zeitschriften durch.
- a Ich nehme mir ein gutes Buch zur Hand.
- b Ich rufe ein paar meiner Freunde an.

9 Würden Sie von sich behaupten, ehrlich und zuverlässig zu sein?

- c Leider nehme ich es damit nicht so genau.
- b Ich bemühe mich, aber es gelingt nicht immer.
- a Ja, das ist für mich ganz selbstverständlich.

10 Über Ihre Kollegin kursiert ein Gerücht. Was tun Sie?

- b Ich versuche herauszufinden, ob es zutrifft.
- a Ich glaube es nicht, bevor es bewiesen ist.
- c Ich erzähle es sofort meiner Freundin.

11 Welche Informationen interessieren Sie am meisten?

- a Die Tagespolitik und Sportnachrichten.
- c Was andere über mich denken und sagen.
- b Neuigkeiten aus meinem Freundeskreis.

12 Eine fremde Postkarte landet bei Ihnen. Was tun Sie?

a Ich lese die Adresse und gebe sie dort ab.
c Ich lese sie und werfe sie dann beim Empfänger ein.
b Ich werfe einen kurzen Blick darauf und gebe Sie dann zurück.

13 Schütten Ihre Freunde häufig ihr Herz bei Ihnen aus?

a Ja, viele Freunde schätzen mich als Vertraute.
b Nur meine beste Freundin erzählt mir alles.
c Nein, mir erzählt kaum einer seine Probleme.

Das bedeutet Ihr Ergebnis

Sie haben am häufigsten a angekreuzt: Klatsch und Tratsch sind Ihnen ein Greuel. Sie respektieren die Privatsphäre anderer Leute. Und brauchen Ihre Neugier gar nicht zu verbergen – denn Sie sind überhaupt nicht neugierig. Auf Ihre Diskretion und Verschwiegenheit können sich Freunde, Kollegen, aber ebenso auch Fremde absolut verlassen. Sogar, wenn man Sie gar nicht darum gebeten hat. Von Ihnen könnten sich daher viele Menschen eine Scheibe abschneiden. Allerdings haben Sie mit einem Handicap zu kämpfen: Allzu verschwiegene und verschlossene Menschen gelten leicht als desinteressiert. Erzählen Sie deshalb ruhig bei manchen Gelegenheiten etwas mehr, am besten von sich.

Sie haben am häufigsten b angekreuzt: Sie haben Spaß daran, im Bekanntenkreis Neuigkeiten zu kommentieren oder auch mal eine Geschichte zu erzählen. Doch Sie achten genau darauf, wem Sie welche Einzelheiten sagen können. Und wenn man Sie um Stillschweigen bittet, ist Diskretion für Sie Ehrensache. Wenn Sie also mal ein bisschen (zu) neugierig sind, können Sie das hervorragend verbergen. Aber spekulieren Sie nie ins Blaue hinein, das wird bei Ihnen – weil Ihre Informationen stets seriös sind – nämlich schnell ernst genommen.

Sie haben am häufigsten $\boxed{c}$ **angekreuzt:** Sie ahnen es vermutlich schon: Sie können Ihre Neugier selten verbergen. Zwar versuchen Sie wacker, Vertrauliches für sich zu behalten, Sie haben wirklich die besten Absichten. Aber dann kommt es eben doch häufig dazu, dass Ihnen im Gespräch mit einem guten Freund so manches Geheimnis eines Dritten herausrutscht. Und dieser Freund plaudert natürlich weiter. Sofort blüht der Klatsch, und am Ende gelten Sie meist als Urheber. Leider zu Recht! Bedenken Sie daher: Gesunde Neugier ist normal, ebenso Offenheit gegenüber Vertrauten. Trotzdem sollten Sie sich künftig um etwas mehr Verschwiegenheit bemühen, sonst leidet auf Dauer Ihr Ruf.

Test 13: Sind Sie charmant?

Zeigen Sie den Menschen ein freundliches Gesicht? Kommt bei Ihnen auch noch viel Herzlichkeit dazu? Dann haben Sie Charme. Kreuzen Sie bitte bei jeder Frage entweder [a] oder [b] an, um herauszufinden, wie charmant Sie sein können.

1 Was ist Ihnen in einer Tischrunde wichtiger?

[a] Dass auch die »Stillen im Lande« kräftig lachen.
[b] Dass auch die »Stillen im Lande« oft zu Wort kommen.

2 Welches Gesicht sollte man der Welt zeigen?

[a] Immer ein freundliches.
[b] Immer ein interessiertes.

3 Gespräche mit Menschen, die deutlich älter sind,

[a] finde ich meist etwas anstrengend.
[b] sind meist spannend und sehr informativ.

4 Wenn Kinder zu laut und nervig werden, schickt man sie am besten

[a] vor den Fernseher.
[b] nach draußen zum Toben.

5 Wie sind Jugendliche heutzutage den Erwachsenen gegenüber eingestellt?

[a] eher feindlich
[b] eher uninteressiert

6 Eine Frau lernt eine andere Frau kennen und findet, dass sie gut aussieht. Sollte sie ihr das sagen?

✓ a Nie zu Anfang, vielleicht später einmal.
  b Ja. Sofort und spontan.

7 Eine Frau lernt einen Mann kennen und findet, dass er gut aussieht. Sollte sie ihm das sagen?

  a Nur, wenn sie etwas von ihm will.
✓ b Ja. Auch ohne etwas von ihm zu wollen.

8 Soll man einen Menschen, der mit einem spricht, unentwegt anschauen?

✓ a Ja, weil das höflich ist.
  b Nein, weil das aufdringlich und wie bei einem Verhör wirken kann.

9 Ist es klug, anderen seine ehrlichen Gefühle zu zeigen?

  a Nein. Man macht sich dadurch nur das Leben schwer.
✓ b Ja, weil man so vor falschen Freunden bewahrt bleibt und richtige Freunde findet.

10 Darf man Briefe mit dem Wort »Ich« anfangen?

✓ a Nein. Das ist unhöflich.
  b Ja. Ein Brief wird nicht dadurch höflicher, dass das »Ich« weiter hinten steht.

11 Ihr Tischnachbar bekleckert sich beim Essen. Alle schauen hin. Was machen Sie?

✓ a Ich helfe diskret und unauffällig.
  b Ich mache einen Scherz, weil so die Situation am besten entspannt wird.

12 Darf eine Frau ein Gespräch mit einem Mann anfangen?

☑ a Eigentlich ist das immer noch etwas unschicklich.
  b Ja. Die Zeiten haben sich geändert.

13 Sind Sie zu einem Kellner so höflich wie zu einem guten Freund?

☑ a Ich bemühe mich darum.
  b Ich bin meist noch höflicher. Meine Freunde können nämlich auch verkraften, wenn ich mal unhöflich bin.

Das bedeutet Ihr Ergebnis   7

Sie haben mehr als 10-mal a **angekreuzt:** Keine Frage, Sie besitzen Charme und den setzen Sie sehr gezielt ein. Dabei achten Sie immer darauf, wie Sie auf Ihr Umfeld wirken. Ihre positive Ausstrahlung verhindert, dass Sie mit den anderen Menschen vermeidbare Probleme bekommen. Sie schaffen es sogar, Leute selbst da noch zu umgarnen und für Ihre persönlichen Interessen einzusetzen, wo andere längst Auseinandersetzungen führen oder sogar richtig in Streit geraten. Ihr Charme ist Ihnen also immer auch Mittel zum Zweck. Er hilft Ihnen, Ihr Leben einfacher und erfreulicher zu gestalten und sich wirkungsvoller durchzusetzen. Das ist legitim. Aber gelegentlich sollten Sie Ihren Charme auch mal spontan und ohne Hintergedanken sprühen lassen – damit erzielen Sie noch ein paar Sympathiepunkte zusätzlich!

6

Sie haben mehr als 10-mal b **angekreuzt:** Sie sind sehr charmant – und vermutlich wissen Sie gar nicht, wie sehr. Denn im Umgang mit anderen Menschen verhalten Sie sich einfach völlig ungezwungen und natürlich. Sie achten nicht auf die Wirkung Ihrer Worte oder Ihres Verhaltens. Und genau das macht Ihre Faszination aus. Sie haben viel Persönlichkeit und fallen auf. Aber Ihre starke Ausstrahlung hat so gar nichts Kalkuliertes oder Gewolltes. Im Gegenteil – gerade Ihr natürlicher Charme öffnet Ihnen die Herzen der Menschen.

Sie haben weder a **noch** b **mehr als 10-mal angekreuzt:** Sie gehen immer auf andere Menschen ein, sind höflich und freundlich – Sie besitzen fraglos Charme! Allerdings macht Sie das nicht immer glücklich. Sie spüren nämlich, dass Ihre Freundlichkeit und Zuvorkommenheit gelegentlich auch ausgenutzt werden. Und dann halten Sie es für das Beste, dass aller Charme von Ihnen abfällt, weil sich ein gutes Herz in einer kalten Welt schnell eine Grippe holen kann. Natürlich fahren Sie mit dieser Einstellung auf Nummer sicher. Trotzdem: Geben Sie Ihren Charme bitte nicht auf. Die Welt ist nicht immer so schlecht, wie Sie fürchten. Denn die meisten Menschen wissen Ihre Liebenswürdigkeit zu schätzen, ohne Ihnen daraus einen Strick zu drehen.

Test 14: Können Sie sich in andere hineinversetzen?

Bitte machen Sie sich zum Abschluss dieses Kapitels einmal die Mühe, sieben gute Gründe dafür aufzuschreiben, warum ein anderer Autofahrer bei Ihnen zu dicht auffährt (Gründe, die Sie vielleicht in vergleichbarer Situation ebenfalls für sich in Anspruch nehmen würden): z. B. bringt gerade sein Kind ins Krankenhaus

_____

_____

_____

_____

_____

_____

_____

Das bedeutet Ihr Ergebnis

Ein »klassisches« Ergebnis wie bei den anderen Tests gibt es in diesem Fall natürlich nicht. Trotzdem wird Ihnen die kleine Übung künftig im Umgang mit anderen Menschen sicherlich weiterhelfen.

Kennen Sie das Indianer-Sprichwort: »Gehe eine Weile in meinen Mokassins«? Es bedeutet, dass man gedanklich in die Schuhe eines anderen Menschen schlüpft und imaginär ein Stück seines Weges geht – um ihn, seine Motive und sein Handeln besser zu begreifen. Anders ausgedrückt: Man versucht, sich in ihn und seine Lage hineinzuversetzen. Genau das sollten Sie tun, wenn Sie jemanden mal nicht verstehen oder ihm sogar negative Gefühle entgegenbringen. Probieren Sie es aus – Sie werden selbst erleben, wie unproduktiv und falsch die meisten Vorurteile über andere Leute sind. Und auch, dass diese Leute viele berechtigte Motive für ihr Verhalten (das Sie doch so gestört hat) haben. Wenn Sie vorhin die sieben Gründe für den dicht auffahrenden Fahrer sehr schnell niederschreiben konnten, sind Sie bereits ein Meister darin, sich in andere hineinzuversetzen. Falls Sie allerdings womöglich sogar Schwierigkeiten hatten, überhaupt auf sieben Gründe zu kommen, sollten Sie regelmäßig trainieren, in die Schuhe eines Mitmenschen zu schlüpfen. So können Sie Ihre soziale Intelligenz deutlich verbessern.

Teil III:
Haben Sie Ihre Partnerschaft im Griff?

Eine gute Ehe beruht auf dem
Talent zur Freundschaft
(Friedrich Wilhelm Nietzsche)

Die folgenden Tests bieten Ihnen die Möglichkeit, das Zusammenleben mit Ihrem Partner auf den Prüfstand zu stellen. Denn in jeder Beziehung gibt es (mal) Probleme, das ist ganz normal. Doch nicht immer weiß man exakt, wo der Hase im Pfeffer liegt. Im Laufe dieses dritten Teils werden Sie nach und nach besser erkennen, wo speziell in Ihrer Verbindung immer wieder Reibungspunkte auftreten, die ein Zusammenleben erschweren. Sie erfahren, was Ihre Partnerschaft womöglich schwächt und was Sie dagegen unternehmen können.

Wir sind mit Hilfe unserer sozialen Intelligenz in der Lage, Strategien anzuwenden, um auf Beziehungen positiven Einfluss zu nehmen. In jeder Partnerschaft ist die Empathie, also das Einfühlungsvermögen anderen gegenüber, von Bedeutung. Doch noch mehr kommt es darauf an, dieses Einfühlungsvermögen auch praktisch umzusetzen. Anders ausgedrückt: Wir sollten die Bedürfnisse unseres Partners nicht nur kennen, sondern sie tagtäglich respektieren und zum Maßstab unseres Handelns machen. Natürlich nur, sofern diese unseren eigenen Bedürfnissen nicht komplett entgegenstehen! Eine Beziehung lebt nämlich nicht nur von Harmonie, sondern ebenso von Austausch und Konfrontation. Es ist daher wenig sinnvoll, jedem Streit aus dem Weg zu gehen oder dem Partner ständig nach dem Mund zu reden. Ganz im

Gegenteil: Das Austragen von Meinungsverschiedenheiten kann für eine Beziehung sehr hilfreich sein. Denn wenn Wut und Frust lange Zeit unterdrückt werden, führt das auf Dauer fast zwangsläufig zu Verbitterung, und irgendwann fängt man sogar an, den Partner insgeheim abzulehnen. Probleme werden dann nur noch unter den Teppich gekehrt, und irgendwann sind sie unlösbar. Die folgenden Tests sollen Sie dabei unterstützen, es gar nicht erst so weit kommen zu lassen!

Übrigens wurde bei allen Partnerschaftstests der besseren Lesbarkeit wegen auf die umständliche Schreibweise »Partner/in«, »er/sie« verzichtet. Es versteht sich von selbst, dass immer auch die weibliche Form mit einbezogen ist, obwohl in einer Frage nur vom »Partner« die Rede ist.

Test 1: Wie viel Nähe brauchen Sie wirklich?

Würden Sie am liebsten jede Minute mit einem anderen Menschen teilen oder macht Ihnen solch ein Gedanke eher Angst? Kreuzen Sie alle Aussagen an, von denen Sie sagen: »Das trifft auf meine Situation zu.«

Ich lache heute seltener als noch vor zehn Jahren. _____ ☐

Einladungen, zu denen ich allein gehen muss, sind mir unangenehm. _____ ☐

In Gesellschaft bin ich selten der Erste, der etwas sagt. _____ ☐

Manchmal bin ich überrascht, wie Alkohol meine Zunge lockert. _____ ☐

Es passiert selten, dass ich durch ein intensives Gespräch alles um mich herum vergesse. _____ ☐

Wenn ich mal gereizt bin, staunen die Leute, was alles aus mir herausbricht. _____ ☐

Wenn ich jemandem mal richtig die Meinung sage, fühle ich mich innerlich befreit. _____ ☐

Wenn ich ein Wochenende allein bin, denke ich:

»Wunderbar, bloß keine Menschen sehen.« _____ ☐

»Endlich mal zwei Tage nichts tun.« _____ ☐

»Jetzt mal zwei Tage nur entspannen.« _____ ☑

»Endlich kann ich all die liegengebliebenen Sachen aufarbeiten.« _____ ☒

Wenn das Telefon klingelt,

erschrecke ich häufiger. _____ ☐

habe ich manchmal keine Lust, den Hörer abzuheben. _____ ☐

rechne ich insgeheim immer damit, eine schlechte
Nachricht zu bekommen. _____ ☐

wüsste ich gern, wer anruft, bevor ich abhebe. _____ ☑

freue ich mich, dass ich abgenommen habe, obwohl ich
das zuerst nicht wollte. _____ ☐

Bei wem hätten Sie sich schon lange mal wieder melden müssen?
Gehen Sie im Geist die Menschen durch, die Sie kennen. Wann
immer Ihnen jemand einfällt, machen Sie bitte ein Kreuz (in jeder
Gruppe können Sie maximal drei davon setzen):

Verwandte _____ ☒ ☒ ☐

Bekannte, Freunde _____ ☑ ☒ ☒

Kollegen, Behörden _____ ☐ ☐ ☐

Menschen, die ich näher kennenlernen könnte _____ ☒ ☒ ☐

Gehen Sie die kleine Liste in gleicher Weise noch einmal durch.
Wer hätte sich eigentlich schon längst mal wieder bei Ihnen melden müssen?

Verwandte _____ ☒ ☒ ☒

Bekannte, Freunde _____ ☐ ☐ ☐

Kollegen, Behörden _____ ☐ ☐ ☐

Menschen, die ich näher kennenlernen könnte _____ ☐ ☐ ☐

Zu welchen Menschen sind Sie schon richtig bösartig und frech gewesen?

zu meinem Partner _____ ☒

zu meinen Eltern _____ ☒

zu Verwandten _____ ☐

zu richtig guten Freunden _____ ☐

zu Kollegen _____ ☐

zu fremden Menschen _____ ☐

Das bedeutet Ihr Ergebnis

Bitte zählen Sie die Anzahl der Kreuze zusammen, die Sie gemacht haben.   12

Weniger als 20 Kreuze: Ihnen gelingt es sehr gut, die Balance zu halten zwischen Nähe und Distanz. Und zwar sowohl in der Partnerschaft als auch im Freundes- und Kollegenkreis. So können Sie sich gut in jede Gemeinschaft einbringen, geben dabei aber nie Ihre Selbständigkeit auf. Viele Paare »hocken« ja so intensiv aufeinander, dass sie irgendwann den Kontakt zu anderen Menschen verlieren. Doch das kann Ihnen nicht passieren. Sie pflegen Ihren Freundeskreis, obwohl Sie natürlich auch gern und häufig mit Ihrem Partner zusammen sind. Sie brauchen Nähe – aber nicht übermäßig viel. Genauso gut können Sie auch Zeit allein verbringen. Diese gesunde Mischung sorgt für viel Stabilität in Ihrer Partnerschaft.

20 bis 30 Kreuze: Sie brauchen Nähe, aber Sie haben zu wenig davon. Oder anders ausgedrückt: Bei Ihnen sind noch reichlich Kapazitäten frei, um auf andere Menschen zuzugehen. Doch womöglich stehen Ihnen dabei die hohen Ansprüche und Erwartungen, die Sie an andere stellen, ein bisschen im Weg. Denn Sie sind sehr kritisch und wählerisch. Hinzu kommt, dass Sie keinen Small Talk mögen und Oberflächlichkeiten ablehnen. All das erschwert es Ihnen natürlich, unbefangen Kontakte zu knüpfen – und anschließend auch zu pflegen. Es ist sogar gut möglich, dass Sie selbst Ihren Partner nicht (mehr) so richtig an sich heranlassen. Statistiken sprechen eine traurige Sprache: Demnach unterhalten sich die meisten Paare nur noch wenige Minuten am Tag miteinander, und dabei geht es »nur« noch um Alltagsdinge und Organisatorisches. Hier sollten Sie ansetzen und Ihren Partner stärker in Ihr Leben einbeziehen. Wie interessant die Gespräche mit ihm eigentlich sein können, werden Sie merken, wenn Sie ihm mal wieder richtig zuhören und ihm von sich erzählen – und zwar ohne Zeitung oder Fernbedienung in der Hand.

Mehr als 30 Kreuze: Sie haben bereits etwas mehr Nähe, als Ihnen guttut. Entweder wird das durch eine einzelne Person (Partner, Familienmitglied, Freund) verursacht, die Ihnen etwas zu sehr auf die Pelle rückt. Oder aber es liegt schlichtweg an der hohen Anzahl der Personen, mit denen Sie verkehren. Haben Sie womöglich beruflich viel mit Menschen zu tun? Oder sind Sie aus anderen Gründen von zu vielen Leuten umgeben, die etwas von Ihnen wollen, Ihnen aber im Gegenzug zu wenig zurückgeben? Wie auch immer, Sie sollten sich daher künftig lieber auf einige wenige Personen konzentrieren, bei denen Sie wirklich seelisch auftanken können. Ebenso wichtig ist es für Sie allerdings, gelegentlich allein sein zu können. Nehmen Sie sich bewusst etwas mehr Zeit für sich selbst. Sie sind nämlich ein Charakter, der viel Ruhe benötigt.

Test 2: Sind Sie nur verliebt oder ist es tatsächlich Liebe?
Von der Liebe erwarten viele ihr größtes Glück. Doch oft
werden sie bitter enttäuscht. Was häufig daran liegt, dass sie
nicht zwischen flüchtiger Verliebtheit und echter Liebe unter-
scheiden können. Wie steht's mit Ihnen – können Sie es?
Bitte kreuzen Sie bei den folgenden Aussagen entweder »Ja«
oder »Nein« an.

Es ist wahre Liebe, wenn

ich an meinem Partner nichts auszusetzen habe. ☐ Ja ☒ Nein

wir alles gemeinsam machen. ☐ Ja ☒ Nein

es nie Streit zwischen uns gibt. ☐ Ja ☒ Nein

wir in allen lebenspraktischen Fragen einer
Meinung sind. ☒ Ja ☐ Nein

wir die gleichen Menschen mögen. ☐ Ja ☒ Nein

wir über dieselben Dinge lachen. ☐ Ja ☒ Nein

wir dieselben Freizeitinteressen teilen. ☐ Ja ☒ Nein

wir einen identischen Geschmack haben. ☐ Ja ☒ Nein

mal der eine, mal der andere nachgibt. ☒ Ja ☐ Nein

man allen Egoismus ablegt. ☒ Ja ☐ Nein

man nie an sich selbst denkt. ☐ Ja ☒ Nein

man alles Gute im Leben nur für den Partner
will. ☒ Ja ☐ Nein

man spürt: Mein Glück hängt ganz allein von
diesem Menschen ab. ☐ Ja ☒ Nein

man weiß: Ohne diesen Menschen komme ich im
Leben gar nicht mehr zurecht. ☐ Ja ☒ Nein

man sicher ist: Wenn dieser Mensch mich einmal verlässt, ist mein Leben nichts mehr wert. _____ ☐ Ja ☑Nein

Das bedeutet Ihr Ergebnis

Bitte geben Sie sich für jede Ja-Antwort einen Punkt. 4

Mehr als 11 Punkte: Sie möchten eigentlich immer nur verliebt sein: Das gibt dem Leben Leichtigkeit, lässt alle Probleme vergessen und macht den Partner zum Maß aller Dinge. Aber dieser Zustand, den wir so sehr genießen, ist nie von langer Dauer. Das ist auch gut so, denn wir sollten keinen Menschen idealisieren oder – ein treffenderer Ausdruck – »vergöttern«. Denn statt alle Hoffnung nur auf eine einzige Person zu richten, die uns »retten« soll, müssen wir unser Leben selbst in die Hand nehmen. Nur daraus erwächst das wahre Glück – gerade auch in der Partnerschaft. Legen Sie in Zukunft also etwas weniger Wert darauf, ständig Schmetterlinge im Bauch zu fühlen. Sondern lernen Sie, ebenso die soliden und bodenständigen Qualitäten Ihres Partners zu schätzen! Dann könnte bei Ihnen aus Verliebtheit echte Liebe werden.

7 bis 11 Punkte: Sie sind immer wieder bereit, sich neu zu verlieben – auch und vor allem in den Menschen, mit dem Sie bereits zusammenleben. »Gleich und gleich gesellt sich gern«, so könnte Ihr Partnerschaftsmotto lauten. Und um dem zu entsprechen, stellen Sie oftmals Ihre eigenen Interessen und Ansichten zugunsten der Gemeinsamkeit zurück. Doch wahre Liebe kennzeichnet sich gar nicht dadurch, dass zwei Menschen ständig auf identischer Wellenlänge schwimmen. Sondern dadurch, dass sie sich gegenseitig (auch in ihrer Andersartigkeit) respektieren und anerkennen. Haben Sie daher künftig etwas mehr Mut, sich von Ihrem Partner abzuheben, das wird Ihre Beziehung beleben und die Liebe vertiefen.

Weniger als 7 Punkte: Sie haben in diesem Test wenig Punkte erreicht – aber dafür ein gutes Ergebnis! Sie lassen sich nämlich nicht vom romantischen Feuer blenden. Verliebtheit ist für Sie eine Art Zugabe zur Partnerschaft. Trotzdem benutzen Sie Ihren Verstand, nehmen und sehen Ihren Partner, wie er wirklich ist – mit seinen Stärken genauso wie mit seinen Fehlern und Schwächen. Mal himmeln Sie ihn an – mal treten Sie ihm sanft und liebevoll in den Hintern. Dieser Mix verdeutlicht: Bei Ihnen ist es tatsächlich Liebe!

Test 3: Haben Sie Geheimnisse vor Ihrem Partner?
Sind Sie in der Liebe vollkommen ehrlich und offen? Oder haben Sie vor dem Menschen, mit dem Sie das Leben teilen, Geheimnisse? Kreuzen Sie bitte alle Aussagen an, von denen Sie sagen: »Das trifft auf meine Situation zu.«

Was meine früheren Beziehungen und Affären betrifft, weiß mein Partner

den Namen jedes Einzelnen, den ich je im Leben hatte. _____ ☐

warum ich die anderen verlassen und ihn gewählt habe. _____ ☐

wenn sich eine »alte Liebe« wieder mit mir treffen oder mich besuchen will. _____ ☐

ob die früheren Partner gut oder schlecht für mich waren. ___ ☐

welche Geschenke sie mir gemacht haben. _____ ☐

was ihre persönlichen Stärken, Schwächen und anderen Eigenheiten waren. _____ ☐

Mein Partner kennt die Liebesbriefe, die mir geschrieben worden sind. _____ ☐

Ich erzähle es meinem Partner sofort, wenn mir jemand »Avancen« macht. _____ ☐

Ich tagträume ab und zu von anderen Partnern. Auch das erzähle ich. _____ ☐

Ich habe alle alten Sex-Erlebnisse gebeichtet. _____ ☐

Über meine Probleme weiß mein Partner genau Bescheid, zum Beispiel

ob ich ein Park-Ticket bekommen habe. _____ ☑

wenn ich einen Verkehrsunfall hatte. _____ ☑

den Grund, wenn ich mal übellaunig bin. _____ ☑

welche Krankheiten der Arzt bei mir festgestellt hat. _____ ☑

wenn ich im Job Schwierigkeiten habe. _____ ☑

wenn ich das Konto überziehe. _____ ☑

wenn ich größere Schulden mache. _____ ☑

kennt er meine Lebensängste, die ich sonst immer gut
verborgen halte. _____ ☐

Mein Partner weiß außerdem,

wann er mir gegenüber höflicher und aufmerksamer
sein sollte. _____ ☐

welche Verhaltensweisen ich ihm übelnehme. _____ ☑

wie er mich sexuell befriedigen kann. _____ ☑

was er beim Sex lieber nicht tun sollte. _____ ☑

welche seiner Tischmanieren er besser ablegen sollte. _____ ☐

wie er meine Familie behandeln muss. _____ ☑

wenn er seine Kleidung nicht vorteilhaft wählt. _____ ☑

wenn er sich in Gesellschaft »daneben«benimmt. _____ ☐

ob er in Sachen Job und Einkommen meinen Erwartungen
entspricht. _____ ☐

ob er sich beruflich mehr bemühen sollte. _____ ☐

wenn ich Fotos von einer seiner alten Liebschaften
gefunden habe. _____ ☐

wenn ich alte Briefe von ihm oder persönliche Aufzeichnungen gelesen habe. _____ ☐

dass ich ein zweites Konto nur für mich habe. _____ ☐

alles, was mir die Kinder so ganz im Vertrauen mitteilen. ____ ☐

Auch wenn es meinem Partner nicht gefällt,

sage ich bei einer Diskussion immer klar meine Meinung. ____ ☐

rede ich bei einem Streit nicht mit besonders sanfter Stimme. _____ ☐

spiele ich bei unangenehmen Themen nicht den Hilflosen/ die Hilflose. _____ ☑

lasse ich ihm zynische Antworten nicht durchgehen. _____ ☑

erlaube ich ihm nie, sich auf meine Kosten lustig zu machen. _____ ☑

weiß er, dass er vor anderen Menschen nicht schlecht über mich reden darf. _____ ☐

bekommt er meinen Zorn zu spüren, wenn er nicht ernst nimmt, was ich sage. _____ ☐

möchte ich, dass er mir über eine Neuerwerbung ehrlich die Meinung sagt. _____ ☑

ärgere ich mich merklich, wenn diese Meinung kein Kompliment ist. _____ ☐

16

Das bedeutet Ihr Ergebnis
Bitte zählen Sie zusammen, wie viele Kreuze Sie gesetzt haben.

Mehr als 35 Kreuze: Sie haben keinerlei Geheimnisse vor Ihrem Partner, denn Sie sind eine grundehrliche Haut. Im Dienste der Wahrheit erzählen Sie wirklich alles. Auch das, was der andere vielleicht gar nicht wissen möchte oder zu wissen bräuchte. Und das kann brutal für ihn werden. Denn manche Tatsachen verletzen oder kränken unser Gegenüber nur unnötig. Es gibt nun einmal Dinge, die man nicht nur verschweigen darf, sondern sogar verschweigen sollte, um die Beziehung nicht zu gefährden. Keine Bange – Sie hintergehen den/die Liebste(n) nicht gleich, wenn Sie allzu intime Details auch mal für sich behalten.

30 bis 35 Kreuze: Sie haben die richtige Balance zwischen Wahrhaftigkeit und Verschwiegenheit gefunden. Ehrlichkeit ist für Sie oberstes Gebot. Trotzdem haben Sie die Courage, dem Partner auch einmal etwas zu verheimlichen. Denn Sie wissen, dass absolute Offenheit nicht immer ein Zeichen von Ehrlichkeit ist. Manchmal entpuppt sie sich auch als purer Egoismus. Nämlich dann, wenn man durch eine Beichte das eigene Gewissen erleichtert, dem anderen aber genau damit ein Problem aufbürdet. Und das möchten Sie vermeiden. Im Anschluss an die Testauflösung ist aufgeführt, was man beispielsweise man ruhig für sich behalten darf – und was man lieber »beichten« sollte.

Weniger als 30 Kreuze: Im Großen und Ganzen ist Ihre Liebe offen und ehrlich. Trotzdem haben Sie einige Geheimnisse vor Ihrem Partner. Vielleicht, weil sie Ihnen peinlich sind? Das könnte langfristig zu Beziehungsstress führen. Denn entweder verraten Sie versehentlich doch mal die eine oder andere Heimlichkeit. Oder Ihr Partner kommt von selbst dahinter – und in beiden Fällen gibt es dann garantiert riesigen Streit. Um das zu vermeiden, sollten Sie in der Liebe ruhig häufiger mit offenen Karten spielen.

Wie viel Wahrheit hält eine Partnerschaft aus?

Liebe und Sexualität: Dass Sie außer mit ihm noch mit anderen Menschen zusammen gewesen sind, darf und muss der Partner wissen. Aber was Sie im Einzelnen mit diesen Personen erlebt haben, ist allein Ihre Angelegenheit. Der jetzige Partner kann darauf nur mit Eifersucht reagieren.

Seitensprung: Psychologen haben früher oft geraten, einen Fehltritt nicht zu beichten. Heute aber, in Zeiten von AIDS, müssen Partner, die ungeschützten Verkehr hatten, absolut ehrlich gegenüber dem Partner sein, der sich sonst womöglich unwissentlich ansteckt. Und das kann im schlimmsten Fall tödlich enden.

Geld: Offenheit bei allen Ausgaben ist absolut erforderlich, wenn es sich um Beträge handelt, die (auch) das Leben des Partners berühren. Statt nur ein gemeinsames Konto zu führen, hat es sich bewährt, wenn jeder darüber hinaus noch ein eigenes Konto besitzt – über dessen Ein- und Ausgänge nicht sklavisch Rechenschaft abgelegt werden muss.

Job: Schwerwiegende Dinge wie eine Rückstufung, eine Abmahnung oder gar eine Entlassung muss man dem Partner mitteilen. Aber kleinere Schwierigkeiten (etwa ein Streit im Kollegenkreis oder eine Rüge vom Chef) braucht man nicht breitzutreten, wenn man nicht mag.

Test 4: Gibt es zu viel Kritik in Ihrer Beziehung?

Manche Paare halten einen Streit schon für den Anfang vom Ende ihrer Beziehung. Doch die meisten Eheberater interpretieren es eher nicht als gutes Zeichen, wenn es nie Streit und Auseinandersetzungen in einer Verbindung gibt. Wie sieht es in dieser Hinsicht bei Ihnen aus? Im Folgenden finden Sie typische Konfliktthemen unter Paaren. Bitte machen Sie überall dort ein Kreuz, wo Sie sagen: »Hier habe ich versucht, meinen Partner zu ändern – aber ohne Erfolg.« Und denken Sie sich nichts dabei, wenn Sie sehr viele Kreuze setzen. Viele Menschen finden etliche Punkte an ihrem Gefährten nicht so toll – und leben dennoch in einer stabilen, glücklichen Beziehung.

Tischmanieren _____ ☒

Benehmen allgemein _____ ☐

Pünktlichkeit _____ ☐

Geldausgaben _____ ☒

Ordnung in den persönlichen Dingen _____ ☒

Ordnung im gemeinsamen Haushalt _____ ☒

Bekleidung _____ ☒

Mode _____ ☐

Sport machen _____ ☐

gesünder leben _____ ☒

Fragen des Berufslebens _____ ☒

Kinderwunsch _____ ☐

Erziehung der Kinder _____ ☒

Verhalten meinen Freunden und Verwandten gegenüber ___ ☐

mehr gemeinsam miteinander unternehmen _____ ☑

öfter Gäste einladen _____ ☑

häufiger ausgehen _____ ☐

mich besser in seine Freizeitaktivitäten einbeziehen _____ ☑

mir einen sicheren Platz in seinem Freundes- und
Bekanntenkreis geben _____ ☑

aufmerksamer sein für meine Bedürfnisse _____ ☑

nicht nur äußerlich, sondern mit innerer Anteilnahme mit
mir zusammensein _____ ☑

weniger fernsehen _____ ☐

mehr miteinander reden _____ ☑

öfter zu Hause sein _____ ☑

mehr Zeit für mich haben _____ ☑

sich mehr für mein Leben interessieren _____ ☑

mir wirklich zuhören _____ ☑

mehr Anteil an meinem Alltag nehmen _____ ☐

mir mehr seelische und moralische Unterstützung geben ___ ☑

ehrlicher sein _____ ☑

mehr Vertrauen haben _____ ☑

Das bedeutet Ihr Ergebnis

Bei jedem Kreuz, das Sie gemacht haben, und bei allen anderen Punkten, die Ihnen an Ihrem Partner eher unangenehm
auffallen (und die in dieser Liste nicht enthalten sind), sollten
Sie sich Folgendes vor Augen halten: Sie müssen nicht alles

wunderbar an ihm finden. Und es ist völlig normal, dass Sie deutliche Kritikpunkte vorbringen können. In einem zweiten Schritt sollten Sie sich fragen, wie (!) Sie Kritik äußern. Neigen Sie etwa dazu, grundsätzliche Beanstandungen an Ihrem Partner zu äußern? Oder bemängeln Sie eher ein konkretes (Fehl-)Verhalten? Wie entscheidend dieser Unterschied sein kann, verdeutlicht ein Beispiel. Wer sagt: »Du bist zu unserem Termin unpünktlich gekommen«, trifft eine reine Sachfeststellung. Ist sie korrekt, kann der Partner dazu – ebenfalls rein sachlich – Stellung nehmen. Wer aber sagt: »Du bist ständig unpünktlich«, »Du bist ein unpünktlicher Mensch« oder gar so etwas wie »Bei dir kann man sich auf nichts verlassen«, der wertet den anderen grundsätzlich ab. Der Partner könnte dann eingeschnappt reagieren und denken: »Ich bin sonst immer überpünktlich, zum Beispiel im Job. Aber irgendwann muss der Termindruck doch ein Ende haben, zumindest im Privatleben. Warum versteht mein Partner mich da nicht?« Sie sehen also, dass Sie mit geschickt angebrachter Kritik etwas Positives bewirken können. Wenn Sie einfühlsam vorgehen, dürfen Sie Ihren Partner ruhig häufiger tadeln. Doch mit ungeschickt angebrachter Kritik ist die Wahrscheinlichkeit groß, dass Sie viel zerstören und der Partner irgendwann auf stur stellt. Denn niemand verkraftet Nadelstiche, die ständig seine gesamte Person betreffen.

Test 5: Haben Sie Mauern um sich herum errichtet?

In vielen Partnerschaften bricht nach einer Krise das große Schweigen aus. Oftmals errichten die Partner dann eine Mauer um sich herum, die der andere nicht (mehr) durchdringen soll. Jeder verharrt in seiner Festung und besteht auf seinem Recht.

Bitte kreuzen Sie alle Bemerkungen an, die in Ihrer Beziehung schon einmal gefallen oder von Ihnen im Stillen gedacht worden sind:

»Es hat ja doch keinen Zweck, über dieses Thema zu reden.« ☑

»Zum einen Ohr rein, zum anderen raus.« ☐

»Ich kann das schon zehnstimmig singen.« ☐

»Jetzt hat er/hat sie mal wieder seine/ihre Anfälle.« ☐

»Warum antwortest du denn nicht?« ☑

»Nichts, was für unsere Beziehung wichtig ist, kann man mit dir bereden.« ☑

»Es ist, als ob man gegen eine Wand anredet.« ☑

»Jetzt haben wir endlich mal angefangen, über Probleme zu sprechen, und schon kommt von dir nichts als Schweigen.« ☐

»Wenn du jetzt nicht antwortest, gebe ich es auf, mit dir zu reden.« ☐

Eine Mauer des Schweigens kann nicht nur durch Sprache errichtet werden, sondern auch durch Körpersprache. Bitte kreuzen Sie wieder an, was für Ihre Beziehung typisch ist, wenn eigentlich eine Antwort fällig wäre:

Achselzucken _____ ☐

sich abwenden _____ ☐

aus dem Zimmer gehen, während der Partner spricht _____ ☑

demonstrativ lesen oder etwas anderes tun, während der
andere etwas sagt _____ ☑

Gesten und Bewegungen des Partners nachmachen _____ ☐

den Partner demonstrativ, aber schweigend, anblicken ____ ☑

demonstrativ wegschauen _____ ☐

Musik oder den Fernseher einschalten _____ ☑

Das bedeutet Ihr Ergebnis

Wenn man in der Partnerschaft in eine Phase geraten ist, in der gar nicht mehr (oder nur noch verächtlich) miteinander gesprochen wird, steckt man in einer Sackgasse. Alles hat man sich von dieser Beziehung erhofft – und nun geht nichts mehr. Von Auseinandersetzungen erschöpft, verfallen Paare in einen Zustand der Resignation. Sie schweigen sich an und bauen eine Mauer um sich herum auf. Je mehr Kreuzchen Sie oben gesetzt haben, desto tiefer steckt Ihre Partnerschaft in dieser Falle. Natürlich benehmen wir uns alle im Eifer des Gefechtes mal daneben. Alles unter acht Kreuzchen ist zwar nicht schön, aber noch vertretbar. Doch alles, was darüber hinausgeht, zeigt Ihnen, dass Sie in einer ernsten Partnerschaftskrise stecken. Sie sollten sich überlegen, ob Sie diese Beziehung überhaupt noch wollen. Und wenn ja, ob Sie Ihre Sprachlosigkeit eventuell mit Hilfe einer Eheberatung überwinden könnten. Die Chancen dazu stehen übrigens nicht schlecht – wenn beide Partner die Beziehung retten und entsprechend etwas dafür tun wollen.

Test 6: Wie gut kennen Sie Ihren Partner?

Auch wenn sie schon Jahrzehnte miteinander verheiratet sind: Manche Menschen bleiben für ihre Partner ewig rätselhafte Wesen. Denn nicht jeder redet gern über seine Wünsche, Ängste und Sorgen. Haben Sie auch so ein geheimnisvolles »Exemplar« an Ihrer Seite? Entscheiden Sie sich bitte bei den Fragen jeweils für eine von drei Antwortmöglichkeiten.

1 Die Schwiegermutter kommt zu Besuch. Wie reagiert Ihr Partner? Er

b fügt sich in sein Schicksal.

a mault und ist während des Besuchs meist abwesend.

c mag meine Mutter und ist gerne mit ihr zusammen.

2 Auf einer Feier unterhält sich Ihr Partner mit einer attraktiven Person. Gefahr für Sie?

a Ja, ich muss ein Auge auf ihn haben, sonst kommt es zu mehr.

c Nein. Er ist mir treu und unterhält sich einfach nur gern mit anderen Menschen.

b Ein Flirt kommt schon mal vor. Aber Sorgen mache ich mir nicht.

3 Wenn Ihr Partner niedergeschlagen ist, wissen Sie warum?

c Ja. Ich kenne seine Sorgen und fühle, wenn ihn etwas bedrückt.

b Ich kann es mir meist denken. Er spricht aber kaum darüber.

a Kann ich hellsehen?

4 Würden Sie mit Ihrem Partner einen Ehevertrag machen?

[c] Nein! Was das angeht, kann ich ihm voll und ganz vertrauen.
[a] Eine Regelung wäre schon gut. Wer weiß, was die Zukunft bringt?
[b] Später vielleicht. Erst mal sehen, wie sich alles entwickelt.

5 Der Tag, an dem Sie sich kennenlernten: Weiß Ihr Partner das Datum noch?

[a] Das ist schon zu lange her. So etwas merkt er sich nicht.
[c] Er weiß sogar noch, was ich an dem Tag getragen habe.
[b] Da müsste ich ihn mal fragen.

6 Können Sie sich in allen Lebenslagen auf Ihren Partner verlassen?

[c] Auf jeden Fall. Ich vertraue ihm bedingungslos.
[a] Ich liebe ihn. Aber ob er wirklich verlässlich ist, weiß ich nicht.
[b] Wenn es darauf ankommt, hält er fest zu mir – hoffe ich jedenfalls.

7 Haben Sie Ihren Partner schon mal dabei ertappt, dass er Ihnen eine Lüge aufgetischt hat?

[a] Ertappt noch nicht. Aber ich habe oft das Gefühl, dass er mich anschwindelt. Er streitet es immer ab.
[b] Wenn, dann eher zufällig.
[c] Das merke ich sofort, da kann er mir nichts vormachen.

8 Sie möchten Zuneigung, Ihr Partner ist gerade beschäftigt. Können Sie ihn trotzdem verführen?

b Das hängt ganz von seiner Stimmung ab, darauf habe ich keinen Einfluss.

c Natürlich! Ich weiß genau, was er mag. Und das wirkt immer.

a Nicht, wenn er seinem geliebten Hobby nachgeht.

9 Sie wollen allein mit Freunden in den Urlaub fahren. Was sagt Ihr Partner dazu?

b Er wird enttäuscht sein.

a Das findet er gar nicht gut.

c Er lässt mir mein eigenes Leben.

10 Ihr Partner ist genervt, sagt aber nichts. Wissen Sie, was Sie falsch gemacht haben?

a Nein, woher? Was kann ich dafür, wenn er schlecht drauf ist.

b Ich kann es mir denken.

c Ja. Aber mit meinen Macken muss er leben können.

11 Es gibt ein Problem. Wie reagiert Ihr Partner darauf?

b Das kommt aufs Problem an – und auf seine momentane Verfassung.

c Er hasst Probleme. Aber er wird es mit mir zusammen lösen wollen.

a Vermutlich wird er es zur Seite schieben und hoffen, dass es sich irgendwie von selbst erledigt.

12 Ihr Partner hat eine wichtige berufliche Entscheidung zu treffen. Fragt er Sie vorher um Rat?

c Ganz sicher, denn wir besprechen immer alles miteinander.

a Das wird er wohl mit sich selbst ausmachen.

b Er legt zwar Wert auf mein Urteil, fragt mich aber nicht immer.

13 Sie unterhalten sich blendend mit jemand anderem. Wie reagiert Ihr Partner?

b Er wird uns aus dem Augenwinkel beobachten.

a Er wird eifersüchtig – hoffe ich.

c Es wird ihn interessieren und er wird sich zu uns gesellen.

Das bedeutet Ihr Ergebnis

Sie haben vorwiegend a angekreuzt: Sie und Ihr Partner sind nicht gerade Seelenverwandte. Dafür wissen Sie aber, was Sie an Ihrem Partner haben, und können ihm vertrauen. Sie lassen einander viel Freiraum, und das ist gut so, denn den braucht Ihr Partner. Immer ein wenig auf Distanz, das könnte sein Motto sein. Er mag es nicht, wenn ihm jemand allzu nahe kommt. Dann fühlt er sich schnell in die Enge getrieben. Wollen Sie Ihrem Partner Geheimnisse entlocken, gehen Sie indirekt vor. So haben Sie die Chance, dass er sich öffnet.

Sie haben vorwiegend b angekreuzt: Sie haben Ihren Partner gut im Griff und wissen, wie Sie mit ihm umgehen müssen. Ihre Beziehung ist deshalb auch sehr harmonisch, und Sie können sich aufeinander verlassen. Sie haben einen Partner an Ihrer Seite, der Verantwortung übernimmt und zu seinem Wort steht, wenn es drauf ankommt. Nehmen Sie Ihre Liebe aber nicht als selbstverständlich hin. Ab und zu ein paar Streicheleinheiten stärken die Beziehung.

Sie haben vorwiegend $\boxed{c}$ **angekreuzt:** Dass Sie mal nicht wissen, was Ihr Partner gerade denkt, kommt kaum vor. Sie sind ein eingespieltes Team, Ihr Partner kann Ihnen nichts vormachen, auch Geheimnisse wird er nicht haben. Das liegt aber auch daran, dass es ihm nicht schwerfällt, sich Ihnen gegenüber zu öffnen. Ihr Partner vertraut Ihnen fast blind, und das ist Ihr großer Vorteil. Doch Achtung: Zu viel Harmonie kann langweilig werden. Halten Sie mal bewusst Distanz. Sie müssen nicht immer alles von Ihrem Partner wissen.

Test 7: Passt Ihr Partner zu Ihnen?

Eine gute Partnerschaft funktioniert nicht von selbst, auch wenn beide noch so sehr ineinander verliebt sind. Ob Zuverlässigkeit in Krisenzeiten oder eine echte Hilfe, wenn es drauf ankommt – dieser Test kann Ihnen zeigen, ob Sie wirklich auf den Partner an Ihrer Seite bauen können. Entscheiden Sie sich bitte bei den Fragen jeweils für eine von drei Antwortmöglichkeiten.

1 Könnten das Paar auf dem Foto Sie und Ihr Partner im Alter sein?

c Nein, das kann ich mir nicht vorstellen.

b Ich hoffe, dass wir dann genauso glücklich sind.

a Ja, unbedingt.

2 Sind Sie enttäuscht, wenn der Partner den Hochzeitstag vergessen hat?

c Nein, das macht nichts. Das könnte mir auch passieren.
a Ja, sehr. Und ich mache mir dann so meine Gedanken darüber.
b Ja, schon. Wir wollen uns aber wieder mehr umeinander kümmern.

3 Was ist Ihnen wichtig im Umgang mit Ihren Kindern?

a Es darf keine Schläge oder bösen Worte geben.
c Sie sollen ihre Kindheit richtig genießen.
b Wichtig ist, dass sie sich an die Regeln halten.

4 Wie würden Sie reagieren, falls Sie Ihren Partner beim Seitensprung erwischen?

a Ich weiß, dass er mir so was nicht antun würde.
c Ich würde ihn natürlich sofort verlassen.
b Dann stimmt in der Beziehung etwas nicht. Darüber müssten wir reden.

5 Stellen Sie sich vor, Sie hätten ein Traumwochenende mit viel Romantik und Harmonie hinter sich. Wie starten Sie dann in den Alltag?

b Ich bin verträumt und hoffe, dass wir das bald wiederholen.
c Meine Arbeit macht mir viel Spaß, deshalb komme ich gut in die Woche.
a Am liebsten wäre ich bei meinem Partner. Arbeit macht das Leben sauer.

6 Sie trennen Müll, Ihr Partner wirft alles in einen Sack. Wie reagieren Sie darauf?

c Ich erzähle ihm etwas über Umweltschutz, auch wenn es danach wieder Streit gibt.

b Ich lasse ihm diese kleine Macke.

a Ich sage nichts dazu, sondern sortiere seinen Müll einfach nach.

7 Stellen Sie sich vor, Sie gewinnen viel Geld. Würden Sie dann einen Ehevertrag machen?

a Nein, das ist nicht notwendig. Ich vertraue meinem Partner.

c Eine Regelung wäre bestimmt nicht verkehrt. Denn niemand weiß, was passieren wird.

b Später vielleicht, erst genießen wir das Geld.

8 Welche Rolle spielt Sex in Ihrer Partnerschaft?

a Mal ergreife ich die Initiative, mal mein Partner.

c Der ist sehr wichtig. Da verstehen wir uns völlig ohne Worte.

b Der Sex steht bei uns nicht im Vordergrund.

9 Was verbindet Sie am meisten mit Ihrem Partner?

c Leidenschaftlicher Sex und spannende Auseinandersetzungen.

b Gute Gespräche und viel Verständnis für einander.

a Gemeinsame Interessen und viel Zweisamkeit.

10 Sie haben am Sonntag Krach. Wie geht es weiter?

c Das Thema wird sofort ausdiskutiert.

a Bei uns hält ein Krach nie lange an.

b Wir vertagen das Thema und reden später in Ruhe weiter.

Das bedeutet Ihr Ergebnis

Sie haben vorwiegend ⓐ **angekreuzt:** Bei Ihnen herrschen Harmonie und Einklang. Ganz egal, was auf Sie zukommt: Ihr Partner ist der Fels in der Brandung, auf den Sie bauen können. Sie machen alles gemeinsam, ein getrennter Urlaub wäre für Sie undenkbar. Doch zu viel Harmonie kann auch Probleme überdecken, die dann später zum echten Zündstoff werden. Vermeiden Sie daher nicht jeden Streit. Und lassen Sie sich mehr Freiräume. Keine Angst, das macht Ihre Beziehung nur noch reicher.

Sie haben vorwiegend ⓑ **angekreuzt:** Sie arbeiten ständig an Ihrer Beziehung und lassen sich gegenseitig Freiraum. Sie wissen, dass Sie auch dann auf Ihren Partner bauen können, wenn es mal dicke Luft gibt. Sie pflegen ein selbstbewusstes Miteinander. Doch vor lauter Verständnis kann die Leidenschaft manchmal auf der Strecke bleiben. Dann wäre ein wenig »Neckerei« ganz angebracht. Lassen Sie die Vernunft ab und zu mal hinter sich und leben Sie Ihre Wünsche und Sehnsüchte gemeinsam mit Ihrem Partner aus.

Sie haben vorwiegend ⓒ **angekreuzt:** Ihr Motto lautet: »Nur keinen Streit vermeiden«. Ihre Beziehung steckt voller Spannung. Jedes Problem wird sofort angesprochen und heftig ausgetragen. Danach winkt die Versöhnung. Das macht Ihre Partnerschaft sehr stark und solide. Halten Sie Ihr Temperament bei Auseinandersetzungen aber im Zaum, denn auch Worte können verletzen. Und lassen Sie sich etwas mehr auf die Wünsche und Träume Ihres Partners ein. Das schafft für beide noch mehr Vertrauen.

Test 8: Hat die Liebe bei Ihnen genug Chancen?

Was ist Liebe für Sie? Nur eine Sache des Herzens? Oder gehört für Sie noch mehr dazu? Was tun Sie, damit Amors Pfeile Sie treffen? Kreuzen Sie bitte alle Aussagen an, die auf Sie zutreffen.

Sie begegnen einem interessanten Menschen. Wie verhalten Sie sich?

☐ Ich zeige, dass ich ihn sympathisch finde.

☐ Auch wenn er nicht sofort »anbeißt«, bleibe ich freundlich und offen.

☐ Wenn er schüchtern ist, beginne ich das Gespräch.

☐ Ist er ein Aufreißer-Typ, gehe ich auf seine Tricks ein, um ihm zu zeigen, dass sie bei mir nicht wirken.

☐ Wenn er spontan »Feuer und Flamme« ist, lasse ich ihn schmoren.

☐ Ich habe feste Prinzipien, wie weit ein Mensch während es ersten Treffens bei mir gehen kann ...

☐ aber ich kann alle meine guten Vorsätze auch mal vergessen.

Was bedeutet für Sie der erste Kuss?

☐ Ich genieße die Verliebtheit.

☐ Ich weiß, dass Verliebtsein noch nicht Liebe ist.

☐ Ich merke, ob der andere einen Kuss wirklich zu schätzen weiß.

☐ Wenn der Kuss für ihn nur der Übergang zu mehr ist, kriegt er nicht unbedingt mehr.

☐ Wenn danach nichts mehr folgt, freue ich mich über das, was war.

Wann würden Sie mit einem Menschen zum ersten Mal Sex haben?

☐ Wenn ich es möchte – und nicht, wenn er glaubt: Jetzt muss es passieren.

☐ Meist etwas später, als er es für richtig hält ...

☐ aber manchmal auch früher, als es sein »Plan« vorsieht.

Was erwarten Sie vom Morgen danach?

☐ Auch wenn man sich noch nicht sehr gut kennt, erlebt man dann ein Stück normalen Alltag.

☐ Ich bin enttäuscht, wenn es keine Zeit für ein langes Frühstück gibt.

☐ Partner, die sich jetzt unsicher fühlen, weil sie nicht wie aus dem Ei gepellt aussehen, taugen nicht viel.

☐ Wenn keine Zeit zum Reden ist, ist der andere meine Liebe nicht wert.

☐ Wenn dann gleich so etwas wie ein Heiratsantrag kommt, ist der Partner unreif.

☐ Ich werfe mir nichts vor, auch wenn ich mich in dem Menschen getäuscht habe.

Beim nächsten Wiedersehen

☐ passe ich auf, dass nicht schon jetzt Routine zwischen uns einkehrt.

☐ versuche ich, neue Seiten am anderen kennenzulernen.

☐ möchte ich ganz viel reden.

☐ achte ich darauf, ob der andere zuhören kann.

☐ teste ich, ob er Humor hat.

☐ mache ich etwas, was ihn stört, um zu sehen, ob er Toleranz besitzt.

Sie beschließen zusammenzubleiben. Es folgen 20 Aussagen. Bitte kreuzen Sie alle an, die Sie für richtig halten.

- [ ] In einer guten Ehe darf auch mal heftig gestritten werden.
- [ ] Sogar in langjährigen Ehen kann es noch tiefe Krisen geben.
- [ ] Auch wenn sich zwei Menschen gern haben, sollte einer ruhig mal eine Nacht auf der Wohnzimmercouch schlafen.
- [ ] Eheprobleme sollte man mit guten Freunden besprechen ...
- [ ] denn zu zweit findet man nicht immer die beste Lösung dafür.
- [ ] Alle Paare könnten von einer Eheberatung profitieren.
- [ ] Eheleute dürfen auch mal ohne den Partner, nur mit Freunden, ausgehen.
- [ ] Ehen zwischen Menschen aus unterschiedlichen Kulturen oder Gesellschaftsschichten sind genauso stabil wie Beziehungen, in denen »Gleich und Gleich« heiraten.
- [ ] Ich kann mir vorstellen, auch mal ohne meinen Partner in Urlaub zu fahren.
- [ ] Gewohnheiten des Partners muss man tolerieren und nicht ändern.
- [ ] In der Ehe gibt es Wichtigeres als die Liebe.
- [ ] In der Ehe sollte nicht immer einer alles entscheiden.
- [ ] In einer Ehe ist jeder Partner für sein eigenes Glück verantwortlich.
- [ ] Kinder machen eine Ehe leider nicht stabiler.
- [ ] Paare sollten Probleme ausdiskutieren, auch wenn sie sich danach nicht in den Arm nehmen.
- [ ] Über sexuelle Probleme soll man offen sprechen.
- [ ] Das Sprechen über sexuelle Probleme lohnt sich – auch wenn man dabei keine Lösung findet.
- [ ] Ein bisschen Eifersucht braucht jede Ehe.
- [ ] Der Hochzeitstag sollte immer ein bisschen gefeiert werden.
- [ ] Verheiratet sein ist besser als allein zu leben.

Das bedeutet Ihr Ergebnis

Bitte zählen Sie jetzt alle Kreuze zusammen, die Sie gemacht haben.

Mehr als 30 Kreuze: Liebe ist für Sie das Wichtigste im Leben, Sie geben Ihr alle Chancen. Dadurch haben Sie die besten Voraussetzungen für das Glück, das eine Partnerschaft bieten kann. Denn Sie können sich hoffnungslos verlieben – aber nie lässt Ihr Verstand Sie dabei auf Dauer im Stich. Ein klarer Kopf bewahrt Sie vor den beiden ganz großen Fehlern, die so viele Menschen in der Liebe machen: sich an den Partner klammern und von ihm abhängig werden. Doch weil Sie tolerant und selbständig sind, finden Sie mit dem Menschen, den Sie lieben, immer wieder neues Glück.

25 bis 30 Kreuze: Sie nehmen die Liebe sehr wichtig, sie ist für Sie mehr als nur ein Spiel. Mit einem Partner, der es wert ist, möchten Sie wirklich alles teilen: die Traumstunden genauso wie den Alltag. Sie investieren alles in eine Beziehung: Körper, Geist und Seele, Zeit und Geld. Vielleicht aber fragen Sie sich nicht oft genug, ob der Partner so viel Zuneigung und Aufmerksamkeit auch immer vertragen kann. Liebe bedeutet ja nicht, ständig aneinanderzuhängen, sondern auch, mal Abstand zu gewinnen – und dann wieder auf neue Weise zusammenzufinden.

18 bis 24 Kreuze: In Ihnen ist die Sehnsucht nach der großen Liebe immer wach. Aber das Glück ist Ihnen auch schon mal zwischen den Fingern zerronnen. Woran das liegen könnte? Sie trennen zu sehr zwischen Herz und Verstand. Entweder Sie verlieben sich Hals über Kopf und schicken dann alle Lebensklugheit in Dauerurlaub. Oder Sie wollen eine Beziehung nur vom Kopf aus steuern. Beides muss man können, um Glück zu finden. Aber: immer abwechselnd. Wenn über

Wochen und Monate nur das Herz oder nur der kühle Kopf die Partnerschaft dominiert, wird Liebe eine zu ernste Angelegenheit. Doch die Liebe ist aus immer ein Spiel. Man muss sich darin verlieren, um Freude daran zu haben – und dennoch ein paar klare Regeln beachten. Eben wie in jedem Spiel.

Weniger als 18 Kreuze: Sie geben der Liebe zu wenig Chancen. Andere Dinge bestimmen Ihr Leben stärker: vielleicht der Beruf, die Aufgaben im Privatleben, gesellschaftliche Verpflichtungen oder auch die Suche nach immer neuen und interessanten Erfahrungen. Ihnen fehlt Zeit für sich selbst, etwas mehr innere Ruhe. Und manchmal fehlt es auch an der Kraft, die man braucht, um die kleinen Freuden, die ja das große Glück mit einem Menschen ausmachen, erkennen und genießen zu können. Vielleicht sollten Sie überlegen, ob Sie nicht Lust haben, mal ein ganz anderes Leben (als in den letzten Jahren) zu führen. Möglicherweise mit weniger Stress, etwas weniger Geld – aber dafür mit einem Menschen, den Sie stärker in Ihr Leben einbeziehen wollen. Und wenn Sie genau hinsehen, entdecken Sie vielleicht, dass jemand ganz in Ihrer Nähe genauso fühlt. Haben Sie also den Mut, der Liebe künftig etwas mehr Chancen zu geben!

Test 9: Zeigt Ihr neuer Partner Bindungsängste?

Am Anfang einer Beziehung weiß man nie, wie sie verlaufen wird. Trennt man sich schon nach kurzer Zeit wieder oder könnte es die Liebe fürs Leben sein? Sie selbst sind bereit zu dieser Verbindung. Aber was ist mit Ihrem Partner? Kleine Zeichen verraten einem, ob der andere sich fest binden möchte – oder eher nicht. Kreuzen Sie die Antwortmöglichkeit an, die auf Ihren Partner am besten zutrifft.

1 Wie reagiert er, wenn Sie das Wort »wir« gebrauchen?

2 Er wird leicht nervös.
1 Er freut sich darüber.
3 Er erhebt Einspruch.

2 Er hat versprochen, Sie zu einer bestimmten Zeit anzurufen. Was geschieht?

1 Er hält sich garantiert daran.
3 Es ist durchaus möglich, dass er überhaupt nicht anruft.
2 Er macht es, hält aber die Zeit nicht genau ein.

3 Sie treffen sich mit ihm und seinen Freunden. Werden Sie akzeptiert?

1 Ja, ich gehöre dazu.
2 Ich muss um meinen Platz kämpfen.
3 Ich bin eigentlich eher ausgeschlossen.

4 Sie schlagen vor, ein Wochenende gemeinsam zu verbringen. Er sagt nach einem Blick in den Terminkalender:

2 »Ich sage dir nächste Woche Bescheid.«
3 »Ich kann mich so weit im Voraus nicht festlegen.«
1 »Darauf freue ich mich.« Passt ihm das Datum nicht, schlägt er einen Alternativtermin vor.

5 Nimmt er Sie mit zu seinen Verwandten und zu Familienfeiern?

2 Ich habe seine Eltern kurz kennengelernt.
1 Ja, ich kenne seine Familie und war auch schon mit zu Geburtstagen.
3 Nein, ich habe noch niemanden aus seiner Familie getroffen.

6 Scheut er sich davor, in der Öffentlichkeit Händchen mit Ihnen zu halten, Sie zu umarmen oder zu küssen?

3 Ja. Er mag es nicht, wenn ich ihn vor anderen küsse oder seine Hand halte.
1 Nein, gar nicht. Er verhält sich sehr liebevoll und zärtlich.
2 Das kommt darauf an, ob wir allein unterwegs sind oder mit Freunden.

7 Fährt er nach einem Besuch bei Ihnen nach Hause oder bleibt er über Nacht?

1 Er bleibt über Nacht.
3 Er bleibt nie über Nacht bei mir.
2 Er fährt meistens wieder nach Hause.

Das bedeutet Ihr Ergebnis

Bitte rechnen Sie die angekreuzten Zahlen zusammen. Die Gesamtsumme ergibt Ihre Punktzahl.

Weniger als 10 Punkte: Mit diesem Partner haben Sie Glück. Er liebt Sie wirklich, steht zu Ihnen und würde Sie sofort heiraten, wenn Sie es wünschten. Ihre Verbindung hat gute Chancen, denn er ist unabhängig und lässt sich weder von seiner Familie noch von seinen Freunden beeinflussen. Schon gar nicht, was seinen Lebenspartner – also Sie – angeht.

10 bis 15 Punkte: Sie erleben viel Schönes mit Ihrem Partner. Aber es gibt auch ein paar Schwierigkeiten. Denn er bekennt sich innerlich (noch) nicht hundertprozentig zu Ihnen. Sie sind ihm wichtig, keine Frage. Aber ihm ist auch so vieles andere wichtig: seine Clique, seine Familie, seine Freizeit und nicht zuletzt besonders auch seine Freiheit. Daher können Sie zum jetzigen Zeitpunkt nicht sicher sein, ob er sich lange oder gar für immer binden wird. Nicht einmal eine Heirat würde Ihnen bei diesem Menschen völlige Gewissheit geben.

Mehr als 15 Punkte: Dieser Mensch hat Angst davor, sich zu binden. Das liegt nicht an Ihnen, Sie machen überhaupt nichts falsch! Nein, Ihr Partner ist das Problem. Denn er ist sich nicht sicher, was er vom Leben erwartet, und auch nicht, wie Sie in sein Leben passen. Deshalb verpflichtet er sich innerlich immer nur »auf Abruf«. Es ist fraglich, ob Sie auf Dauer mit so viel Unverbindlichkeit klarkommen. Wenn Sie eine Entscheidung herbeiführen möchten, sollten Sie Ihrem Partner die Pistole auf die Brust setzen. Er soll sagen, ob er sie wirklich liebt – und dann seinen Worten Taten folgen lassen. Denn Sie müssen für ihn die Hauptrolle spielen, nicht sein Freundeskreis und auch nicht seine Familie. Hält er sich weiterhin ständig Hintertürchen offen, riskieren Sie besser keine feste Beziehung – und schon gar keine Ehe – mit diesem Luftikus.

Test 10: Können Sie mit Eifersucht umgehen?

Eifersucht gilt heute als unmodern. Viele meinen, wer den Partner nur ein bisschen kontrolliert, treibt ihn sofort in die Arme eines anderen Menschen. Aber wenn man den Partner liebt, ist es dann nicht verständlich, dass man ihn festhalten möchte? Allerdings kann daraus auch zu starkes Klammern werden, und das schadet der Beziehung. Wie sieht es bei Ihnen aus – haben Sie Ihre Eifersucht im Griff? Kreuzen Sie bitte alle Aussagen an, die auf Sie zutreffen:

So sehe ich meine beziehungsweise unsere Situation zurzeit:

☐ Ohne meinen Partner fühle ich mich verlassen.

☐ Unsere Beziehung hat mein Leben wertvoller gemacht. Deshalb gebe ich sie auch nicht mehr her.

☐ Mein Partner geht nirgendwohin, ohne dass ich weiß, wo er ist.

☐ Geht er ohne mich weg, weiß ich immer genau, wen er trifft und warum er das tut.

☐ Ich kenne alle Personen, die für unsere Partnerschaft zu einer Gefahr werden könnten.

☐ Ich passe auf, dass diese »gefährlichen Menschen« meinem Partner nie zu nahe kommen können.

☐ Leute, die unserer Beziehung gefährlich werden könnten, wissen, dass ich eifersüchtig bin.

☐ Auch mein Partner weiß ganz genau, dass ich eifersüchtig bin.

☐ Schon wenn mein Partner jemanden zur Begrüßung umarmt, gibt mir das einen Stich.

☐ Er weiß, dass ich ihm bei begründeter Eifersucht das Leben zur Hölle machen würde.

☐ Auf einer Party behalte ich stets im Auge, was mein Partner gerade tut.

☐ Ich habe die Geldausgaben meines Partners so gut im Blick, dass ich merken würde, ob etwas für eine dritte Person abgezweigt wird.

☐ Ich brauche keine Beweise dafür, ob mein Partner treu ist oder nicht. Ich folge meiner Intuition.

Ich wittere Gefahr für unsere Beziehung, wenn mein Partner

☐ sich innerlich abkapselt.

☐ sein Verhalten mir gegenüber verändert.

☐ neue Stimmungen und Gefühle zeigt, die mit mir nichts zu tun haben.

☐ seinen Tagesablauf plötzlich völlig neu regelt.

☐ länger als sonst am Arbeitsplatz bleibt.

☐ beim Heimkommen nach Parfüm riecht.

☐ beim Heimkommen wie frisch geduscht und geföhnt aussieht.

☐ öfter als früher Geschäftsreisen unternimmt.

☐ bei Geschäftsreisen einen Ferientag anhängt.

☐ logische, aber komplizierte Erklärungen für seine Abwesenheiten gibt.

☐ sagt, dass er mehr Zeit für sich selbst braucht.

☐ erklärt, sein Leben wäre in eine neue Phase geraten, von der er nicht wüsste, was daraus wird.

☐ trotz der persönlichen Krisen, die er beklagt, eine Unterhaltung mit mir über seine Sorgen und Ängste ablehnt.

☐ Gespräche über seine persönlichen Krisen auch nicht mit Freunden oder mit einem Therapeuten führen will.

☐ sich – anders als früher – sehr intensiv um seine Eltern oder Geschwister zu kümmern beginnt.

☐ nicht mehr die üblichen Bitten um kleine Hilfsdienste an mich richtet.

☐ nie einen Anrufer am Telefon hat, der, ohne sich zu melden, auflegt – mir dies aber oft passiert.

☐ sein Handy plötzlich vor mir versteckt hält.

- [ ] öfter in meiner Gegenwart am Telefon sagt, dass er später zurückruft.
- [ ] mehr auf seine Körperpflege zu achten beginnt.
- [ ] sehr viel gestylter als früher aus dem Haus geht.
- [ ] viel stärker als früher auf seine Figur achtet.
- [ ] sich plötzlich neue Unterwäsche kauft.
- [ ] sich modischer kleidet.
- [ ] auf einmal Briefe ohne Absender bekommt.
- [ ] Zettel mit Telefonnummern, aber ohne einen Namen bei sich trägt.
- [ ] erst ins Bett kommt, wenn ich schon schlafe.
- [ ] sexuell kaum noch Wünsche an mich hat.
- [ ] auf meine sexuellen Wünsche nur noch ohne jede Lust eingeht.
- [ ] ohne dass es mit mir zu tun hätte, plötzlich ein sehr viel schlechterer Liebhaber wird.
- [ ] sich auf einmal in einen ungewohnt feurigen Liebhaber verwandelt.
- [ ] mir häufiger meine Eifersucht vorwirft.

Das bedeutet Ihr Ergebnis

Bitte zählen Sie jetzt alle Kreuze zusammen, die Sie gesetzt haben. Das ergibt Ihre Gesamtpunktzahl.

Weniger als 20 Kreuze: Sie leben vertrauensvoll in den Tag hinein. Dass Ihr Partner Sie enttäuschen könnte, käme Ihnen nicht in den Sinn. Sie wissen zwar, wie viele Beziehungen zerbrechen und dass dabei oft ein Dritter im Spiel ist. Aber Sie denken, so etwas könnte Ihnen niemals passieren. Geben Sie Ihrem Partner häufiger mal zu verstehen, dass Sie seine Liebe für etwas Exklusives halten und Sie ihn nicht verlieren wollen. Ein Weg wäre, ihm das durch etwas mehr Eifersucht zu zeigen. Denn ansonsten glaubt er womöglich noch, Ihnen wäre völlig egal, was er treibt.

20 bis 30 Kreuze: Auch bei größter Verliebtheit haben Sie sich den Blick für die Realitäten des Lebens bewahrt. Sie wissen, dass jede Liebe Bewährungsproben zu bestehen hat. Und dass jemand, der es bewusst darauf anlegt, leider gelegentlich selbst in eine intakte Beziehung einbrechen kann. Trotzdem besitzen Sie die Stärke, dem Partner genug Freiheiten zu gestatten. Sie zählen darauf, dass er diese Großzügigkeit nicht ausnutzt. Bleiben Sie wachsam, Ihre gesunde Eifersucht schützt Sie vor bösen Überraschungen – und auch davor, sich im Ernstfall cooler zu geben, als Sie wirklich sind.

Mehr als 30 Kreuze: Sie kennen so gut wie alle Warnzeichen, die eine Gefahr für Ihre Beziehung bedeuten könnten. Wenn Sie aber bei jedem »roten Lämpchen« gleich nervös reagieren, treibt Ihr Eifersuchtsgefühl Sie zu weit. Und dann kränken und verärgern Sie Ihren Partner mit womöglich unbegründeten Vorwürfen. Auf Dauer macht so etwas jeden Menschen mürbe und vertreibt ihn. Im schlimmsten Fall würden Sie mit Ihrer Eifersucht also genau das bewirken, was Sie gerade vermeiden wollten: Sie werden verlassen. Für Sie wäre es daher wohl am besten, wenn Sie dem Partner gegenüber Ihre Verlustängste offen eingestehen. Gemeinsam könnten Sie dann überlegen, wie Sie Ihre übergroße Eifersucht etwas besser in den Griff bekommen.

Test 11: Kann Ihr Partner Sie leicht ausnutzen?

In einer guten Beziehung sollten die Lasten gerecht verteilt sein. Schließlich lebt sie vom Miteinander und davon, dass jeder den anderen stützt. Doch nicht jede Partnerschaft ist so ausgewogen. Fehlt es einem der Partner an Durchsetzungs-vermögen, kann das harmonische Gleichgewicht schwanken und zu seinen Ungunsten kippen. Manchem fällt das gar nicht auf, weil es nur kleine Dinge sind, in denen er sich vom ande-ren ausnutzen lässt. Sie sind aber ein Warnsignal dafür, dass mit der Beziehung etwas nicht stimmt. Erkennen Sie diese Signale? Der Test verrät es. Entscheiden Sie sich bitte bei den Fragen jeweils für eine von drei Antwortmöglichkeiten.

1 Die Frau arbeitet in der Küche, der Mann sieht ihr zu. Was denken Sie?

b Solange er andere Arbeiten im Haushalt und im Garten erle-digt, ist das okay.

c Er sollte ihr zur Hand gehen.

a Es sollte grundsätzlich jede Hausarbeit geteilt werden.

2 Sie haben sich zu einer bestimmten Uhrzeit verabredet, Ihr Partner ist unpünktlich. Wie reagieren Sie?

b Es ärgert mich, aber ich muss meinen Partner halt so nehmen, wie er ist.

c Meistens ist er ja pünktlich. Warum soll ich mich also aufre-gen?

a Wenn er nicht anruft oder sich nicht entschuldigt, werde ich ihn später zur Rechenschaft ziehen.

3 Wenn Ihr Partner abends müde von der Arbeit nach Hause kommt,

[a] sagt er es und bittet Sie um Verständnis.
[c] ist er zu Gesprächen nicht bereit.
[b] ist er schlecht gelaunt und will nur noch seine Ruhe haben.

4 Wie gehen Sie mit den Marotten Ihres Partners um?

[a] Deswegen ist es bei uns schon öfter zum Streit gekommen.
[b] Sie regen mich zwar auf, aber ich halte meinen Mund.
[c] Ich toleriere sie, sage aber, wenn sie zu sehr ausufern.

5 Ihre Mutter meldet sich zu Besuch an. Wie reagiert Ihr Partner?

[c] Er ist weder begeistert noch besonders genervt.
[a] Er freut sich, denn er mag meine Mutter.
[b] Er nimmt sich für die Zeit etwas vor.

6 Was trägt Ihr Partner, wenn er sich zum Feierabend umzieht?

[b] Alte, getragene, bequeme Kleidung.
[a] Legere Freizeitkleidung wie Jeans und Pullover.
[c] Jogginghose und T-Shirt.

7 Haben Sie ein gemeinsames Konto oder hat jeder von Ihnen eins?

b Wir haben nur ein gemeinsames Konto.
c Jeder von uns hat sein eigenes Konto.
a Wir haben jeder ein eigenes Konto und zusätzlich ein gemeinsames für laufende Kosten.

8 Wenn wir mit anderen Menschen zusammen sind, ist mein Partner

c manchmal besonders kritisch und korrigiert öffentlich meine Fehler.
a immer freundlich und höflich zu mir.
b wenig nett und macht sich öfter über mich lustig.

9 Unter Menschen ist Ihr Partner sehr charmant. Mit Ihnen allein ist er

c auch mal ungerecht.
a immer genauso charmant.
b nörgelig und häufig unzufrieden.

10 Wann hat Ihr Partner Ihnen zuletzt ein Kompliment gemacht?

a Vor ein paar Tagen.
c Das ist schon etliche Wochen her.
b Daran kann ich mich nicht mehr erinnern.

11 Wenn Sie Kinder haben oder hätten: Wessen Sache ist oder wäre es, zum Elternabend zu gehen?

b Das ist allein Sache der Mutter.
a Mal so, mal so – wie es gerade passt.
c Grundsätzlich sollten beide Elternteile hingehen.

Das bedeutet Ihr Ergebnis

Bitte zählen Sie jetzt alle Kreuze zusammen, die Sie gemacht haben. Die Summe ergibt Ihre Gesamtpunktzahl.

Sie haben überwiegend a angekreuzt: Ihr Partner kann Sie nicht ausnutzen – und er möchte es auch gar nicht. Denn selbst wenn in Ihrer Beziehung die Lasten nicht immer hundertprozentig gleich verteilt sind, gibt unterm Strich mal der eine und mal der andere mehr, als er selbst bekommt. So eine ausgleichende Gerechtigkeit wirkt sich positiv auf Liebe und Partnerschaft aus. Sie beide dürfen stolz sein, denn bei Ihnen herrscht ein harmonisches und ausgewogenes Geben und Nehmen.

Sie haben überwiegend b angekreuzt: Ihr Partner will eindeutig der Herr im Haus sein. Auch wenn sein Auftreten nett und freundlich ist: Seine eigenen Interessen sind ihm letztlich wichtiger als Ihre. Und er erwartet, dass Sie sich unterordnen. Das ist ein deutliches Zeichen dafür, dass Sie ausgenutzt werden. Selbst wenn Sie Ihrem Partner gern alles abnehmen und ihm seine Wünsche erfüllen, sollten Sie künftig mehr an Ihre eigenen Bedürfnisse denken. Denn zu viel Selbstlosigkeit macht auf Dauer unzufrieden. Und das könnte eine Beziehungskrise verursachen, die insbesondere Ihren unsensiblen Partner kalt erwischen würde.

Sie haben überwiegend c angekreuzt: Ihr Partner glaubt vermutlich, dass es zwischen Ihnen gerecht zugeht. In Wirklichkeit aber verhält er sich recht häufig egoistisch. Und von Ihnen erwartet er mehr Anpassung, als gut für Sie ist. Das spüren Sie auch und geben gelegentlich Kontra, allerdings noch zu selten. Setzen Sie sich noch etwas massiver für Ihre Rechte ein und lassen Sie es dabei ruhig mal auf eine Auseinandersetzung ankommen. Sonst schieben Sie über kurz oder lang Frust, weil Sie sich – leider zu Recht – unterdrückt fühlen.

Test 12: Können Sie sich auf Ihren Partner verlassen?

Es kann sehr verunsichern, wenn man nicht weiß, woran man an seinem Partner ist. Statt sich geborgen zu fühlen, fürchtet man ständig, dass der andere etwas gegen einen im Schilde führt. Gibt es bei Ihnen auch so ein paar Kleinigkeiten, die Sie immer wieder daran zweifeln lassen, ob der Partner überhaupt auf Ihrer Seite ist? Bitte kreuzen Sie die Antwortmöglichkeit an, die jeweils am besten auf Ihre Lebenssituation zutrifft.

1 Wenn ich meinem Partner etwas Wichtiges sagen will

2 überlege ich mir vorher die Worte.
1 rede ich ganz normal wie immer.
3 studiere ich ganze Sätze vorher ein – wie bei einer Theaterprobe.

2 Neben meinem Partner fühle ich mich

1 immer großartig.
2 manchmal etwas fehl am Platz.
3 meist etwas kleiner, als ich eigentlich bin.

3 Nach einem langen Gespräch mit ihm

3 bin ich in der Regel verwirrter als vorher.
1 habe ich einen klareren Kopf als vorher.
2 bleibt meist etwas Ungeklärtes zurück.

4 Meinem Partner zuliebe habe ich Kontakte abgebrochen

1 zu früheren Ex-Partnern oder Verehrern.
3 eigentlich zu meinem ganzen früheren Bekanntenkreis.
2 zu einigen Freunden.

[5] Wenn ich in seinen Augen etwas falsch mache,

[3] zieht er sich in ärgerliches Schweigen zurück.
[2] korrigiert er mich auf der Stelle.
[1] sagt er mir das mal sofort, mal bei Gelegenheit.

[6] Wenn mein Partner eifersüchtig wird,

[1] hat er auch Grund dazu.
[3] ist das keine Ausnahme, er ist eigentlich ständig eifersüchtig.
[2] macht er aus einer Mücke einen Elefanten.

[7] Manchmal platzt ihm der Kragen:

[2] Er sagt mir zumindest den Grund dafür.
[3] Ich bin davon fast immer total überrascht.
[1] Ich weiß dann meistens, warum.

Das bedeutet Ihr Ergebnis

Bitte rechnen Sie die angekreuzten Zahlen zusammen. Die Summe ergibt Ihre Gesamtpunktzahl.

Weniger als 10 Punkte: Eine bessere Partnerschaft als Ihre kann es kaum geben. Der Partner an Ihrer Seite hält wirklich zu Ihnen. Er akzeptiert Sie so, wie Sie sind. Und nicht nur so, wie er Sie gerne hätte. Wenn es Differenzen zwischen Ihnen gibt, kommt alles klar zur Sprache. Und ein böses Wort ist auch einmal erlaubt, weil es mindestens durch fünf liebe Worte aufgewogen wird.

10 bis 15 Punkte: Ihre Partnerschaft ist prima – aber ab und zu lastet doch ein kritischer Blick Ihres Partners auf Ihnen. Wenn Sie sich bei ihm richtig geborgen fühlen wollen, müssen Sie vorher meist etwas tun, was ihm wirklich gefällt. Wenn Sie es mit ihm genauso halten, darf sich keiner beschweren. Aber wenn nur Sie »auf dem Prüfstand« stehen, heißt das: Ihr Partner bekennt sich nicht hundertprozentig zu Ihnen. Dann besteht die Gefahr, dass er noch mehr Druck macht, um Sie nach seinem Bild zu formen.

Mehr als 15 Punkte: Ihre Beziehung steckt in der Krise. Denn Sie wissen nicht immer genau, woran Sie bei Ihrem Partner sind, können sich nicht wirklich auf ihn verlassen. Mal hat er Sie richtig lieb, dann wieder gibt es eine große innere Distanz zwischen Ihnen. Vermutlich haben Sie über dieses Thema bereits miteinander gesprochen. Wahrscheinlich hat sich trotzdem nicht viel geändert. Ist das der Fall, könnte ein Gespräch mit einem Paar-Therapeuten nützlich sein. Denn ein unbeteiligter Dritter erkennt meist besser, was zwischen zwei Menschen nicht (mehr) stimmt – und auch, wie sie diese Krise bewältigen können.

Test 13: Fehlt es Ihrer Beziehung an Romantik?

Ob nun ein herrlicher Strauß roter Rosen, ein luxuriöses Essen bei Kerzenschein oder ein gemeinsam betrachteter Sonnenuntergang – romantische Momente sind wichtig für die Liebe. Ob es davon genug in Ihrer Partnerschaft gibt, verrät dieser Test. Entscheiden Sie sich bitte bei den Fragen jeweils für eine von drei Antwortmöglichkeiten.

1 Sehen Sie sich gemeinsam mit Ihrem Partner Liebesfilme an?

c Nein, die gefallen ihm/mir nicht.

b Ja, das bringt uns immer in Kuschel-Stimmung.

a Ab und zu, obwohl ich sie eigentlich nicht so gerne mag.

2 Der Tag beginnt mit einem feurigen Morgenrot. Macht einer von Ihnen eine Bemerkung darüber?

a Ja, wir geraten beide ins Schwärmen und erinnern uns an unseren letzten Urlaub.

b Ich mache meinen Partner darauf aufmerksam.

c So etwas fällt uns eher selten auf.

3 Fällt es Ihnen leicht, mit Ihrem Partner über Ihre Gefühle zu sprechen?

a Es gibt Situationen, da sprechen wir mal über unsere Beziehung.

c Nein, das liegt mir nicht. Er weiß auch so, dass ich ihn liebe.

b Ja, ich erzähle ihm alles.

4 Was tun Sie und Ihr Partner an einem lauen Sommerabend
am liebsten?

a Mit ein paar guten Freunden im Biergarten sitzen und den
Tagesausklang genießen.
c Eine Grillparty mit möglichst vielen Bekannten veranstalten.
b Zu zweit spazieren gehen.

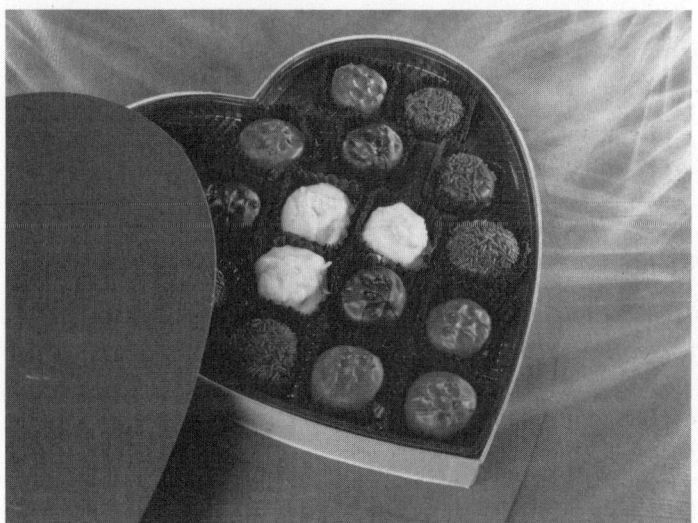

5 Blumen, kleine Geschenke, eine Einladung zum Essen: Was
assoziieren Sie mit diesen Liebesbeweisen – eher eine junge
Liebe oder bereits den gemeinsamen Alltag?

a Durchaus den gemeinsamen Alltag. Denn da sind die Gefühle
gewachsen und tiefer als am Anfang.
c Das gibt es nur bei frisch Verliebten. Später lassen solche
Aufmerksamkeiten nach.
b Beides. Kleine Aufmerksamkeiten sind am Anfang genauso
wichtig wie später.

6 Bringen Sie dem Partner auch mal ohne konkreten Anlass etwas mit, etwa Blumen, ein schönes Buch oder eine andere Überraschung?

b Ja, das passiert öfter mal.

a Außer der Reihe selten, ich konzentriere mich da eher auf Geburtstag und Weihnachten.

c Nein, eigentlich nie.

7 Hat Ihr Partner Ihnen schon mal einen Liebesbrief geschrieben?

c Nur am Anfang unserer Beziehung, seitdem nicht mehr.

b Ja, er schreibt mir welche.

a Ab und zu bekomme ich eine Karte, zum Beispiel zum Geburtstag.

8 Bei einem Klassentreffen sprechen Sie über Ihre Kindheitserinnerungen. Wie fühlen Sie sich dabei?

a Ich finde es lustig, wenn wir über unsere Streiche sprechen.

c So etwas langweilt mich eher.

b Dabei werde ich manchmal sogar ein bisschen wehmütig.

9 Was wünschen Sie sich vor allem von einem idealen Partner?

c Zuverlässigkeit und Toleranz.

b Fürsorglichkeit und Einfühlungsvermögen.

a Interessante Gespräche.

10 Ihr Partner schenkt Ihnen ein verlängertes Wochenende. Womit würde er Sie wohl überraschen?

a Er würde einen Kulturtrip mit Theater- oder Museumsbesuch buchen.

c Es ginge zum Bummeln oder Shoppen in eine interessante Stadt.

b Er würde ein idyllisches Hotel für uns beide aussuchen.

11 Ihre absolute Traumhochzeit ist

a eine kleine Feier mit der Familie und den besten Freuden.

c eine ganz schlichte Zeremonie.

b ein rauschendes Fest an einem besonderen Ort.

12 Sie haben Geburtstag. Über welches Geschenk Ihres Partners freuen Sie sich am meisten?

b Über ein Picknick an dem Ort, wo wir uns kennen gelernt haben.

c Über eine teure Armbanduhr.

a Über alles, das zeigt, wie viele Gedanken er sich gemacht hat.

13 Welche Liebeserklärung könnte von Ihrem Partner stammen?

a Ich liebe dich.

b Seit ich dich kenne, sehe ich die Welt mit anderen Augen.

c Du bist der erste Mensch, mit der ich es wirklich länger aushalten kann.

Das bedeutet Ihr Ergebnis

Sie haben überwiegend a **angekreuzt:** Sie haben Ihr Gefühlsleben klar getrennt in Vernunft und Romantik. Zwar freuen

Sie sich immer über kleine Geschenke und liebevolle Gesten und können auch mal ins Schwärmen geraten. Aber Ihnen ist klar, dass zu einer funktionierenden Beziehung mehr gehört als täglich ein Strauß roter Rosen. Zuverlässigkeit, Treue und Ehrlichkeit sind für Sie deshalb genauso wichtig. Behalten Sie diese gesunde Einstellung bei, dann kann es in Ihrer Partnerschaft kaum langweilig werden.

Sie haben überwiegend b **angekreuzt:** Sie sind ein Meister der Empfindsamkeit und würden am liebsten nur auf Wolke sieben schweben. So gelingt es Ihnen stets, sogar völlig sachlichen Situationen noch einen Funken Romantik abzugewinnen. Wenn es nach Ihnen ginge, müsste Ihr Partner Sie ständig mit Liebesbeweisen überschütten. Doch nicht jeder braucht den Himmel voller Geigen – manch einer kann, manch einer will da gar nicht mithalten. Verlangen Sie deshalb nicht zu viel von Ihrem Partner. Denn nur, weil er Sie nicht Tag und Nacht auf Händen trägt, bedeutet das nicht, dass er Sie nicht genügend liebt.

Sie haben überwiegend c **angekreuzt:** Sie sind ein realistischer Typ, stehen mit beiden Beinen fest auf dem Boden der Tatsachen und empfinden Romantik oft als Gefühlsduselei. Das ist eine sehr nüchterne Einstellung, aber nicht grundsätzlich verkehrt. Denn in vielen Lebenslagen braucht man gerade seine Vernunft. Aber: Mit zu viel Sachlichkeit verbauen Sie sich manch schöne Situation, die Ihr Leben bereichern könnte. Etwas mehr Gefühl würde Ihrer Beziehung bestimmt guttun. Ein Anfang dazu könnte sein, gemeinsam mit dem Partner über Stimmungen oder geheime Wunschträume zu reden.

Test 14: Haben Sie Vertrauen zu Ihrem Partner?

In jeder Liebesbeziehung gibt es Verhaltensweisen und Einstellungen, die Vertrauen aufbauen oder Vertrauen zerstören können. Dieser Test zeigt, ob die Vertrauensbasis zwischen Ihnen und Ihrem Partner vielleicht Risse bekommen hat. Denken Sie an ihn und kreuzen Sie alle Aussagen an, die Ihr Gefühl zu ihm wiedergeben.

Mein Partner

☐ nimmt meine Gefühle oft nicht ernst.

☐ wertet meine Meinungen oft ab.

☐ hört mir zu selten zu.

☐ kontrolliert, wie ich mich verhalte.

☐ kritisiert mein Benehmen.

☐ teilt meine Freude über meine Leistungen zu selten.

☐ brüllt mich manchmal an.

☐ spricht mir gegenüber Drohungen aus.

☐ zieht sich in ärgerliches Schmollen zurück, wenn ich seiner Meinung nach etwas falsch gemacht habe.

☐ überfällt mich oft ohne jede Vorwarnung mit Brüllen, Drohungen oder aggressivem Schweigen.

Ich selbst

☐ überlege mir oft vorher, was ich in seiner Gegenwart sage.

☐ probe manchmal vorher im Stillen meine Worte ihm gegenüber – wie für eine Rede, die ich halten soll.

☐ habe Menschen, die mir wichtig waren, aufgegeben, um mit ihm besser auszukommen.

☐ habe Hobbys und Interessen aufgegeben, um so das Zusammenleben mit ihm unkomplizierter zu machen.

In Gegenwart meines Partners fühle ich mich manchmal

☐ verwirrt.   ☐ weniger wert.   ☐ unausgeglichen.

☐ schuldig an allem, was in der Beziehung schiefgeht.

Das bedeutet Ihr Ergebnis

Bitte geben Sie sich für jedes gesetzte Kreuz einen Punkt.

Weniger als 5 Punkte: Die Beziehung zu Ihrem Partner hat eine gute Basis. Manchmal gibt es Probleme, aber weit weniger als in vielen anderen Beziehungen. Sie kennen sich ganz gut und vertrauen einander.

5 bis 9 Punkte: Im Großen und Ganzen vertrauen Sie Ihrem Partner. Obwohl der versucht, Sie zu kontrollieren. Immer wieder müssen Sie sich davor schützen, in Ihren Möglichkeiten zu sehr eingeschränkt zu werden. Zeigen Sie daher künftig deutlicher die Grenzen Ihrer Toleranz auf – Ihr Partner wird lernen müssen, diese zu respektieren.

10 bis 14 Punkte: Die Beziehung zu Ihrem Partner ist durch zu viel Kontrolle und zu wenig Vertrauen geprägt. Vermutlich hat er ein Idealbild von Ihnen im Kopf, dem Sie nicht entsprechen und das er »mit Macht« einfordert. Und Sie laufen allmählich Gefahr, sich für dieses Ideal zu verbiegen. Schluss damit – besinnen Sie sich auf all Ihre Vorzüge und Qualitäten und behaupten Sie sich gegen die falschen Erwartungen Ihres Partners. Denn wer Sie nicht so zu schätzen weiß, wie Sie sind, hat Sie nicht verdient.

Mehr als 14 Punkte: Ihr Partner dominiert Sie so stark, dass es Ihnen oft weh tut. Dadurch ist Ihr Vertrauensverhältnis fast zerstört. Sie sollten sofort die Reißleine ziehen und unmissverständlich zeigen, dass Sie die Situation so nicht länger ertragen. Ist Ihr Partner nicht bereit oder nicht in der Lage, sich zu ändern, hat Ihre Beziehung auf Dauer keine reelle Chance.

Test 15: Steckt Ihre Beziehung in einer Krise?

Versucht ein Partner immer wieder, den anderen zu ändern, oder macht er ihm ständig Vorwürfe, verschlechtert sich irgendwann das Verhältnis zueinander. Gespräche dienen dann nicht mehr dem Austausch, sondern werden zu einem Kampf ums Recht(haben) zweckentfremdet. Beide Partner üben sich in Selbstverteidigung, statt sich wirklich zuzuhören. Typisch für so eine Krise sind bestimmte »Gesprächstechniken«, von denen im Folgenden einige aufgeführt sind. Kreuzen Sie bitte alle Taktiken an, die Sie selbst oder Ihr Partner womöglich schon einmal angewandt haben.

☐ Ablehnen von Verantwortung: Ein Partner wirft dem anderen etwas vor. Der Vorwurf besteht zu Recht, aber der Partner hat das Gefühl, keine Schuld zu haben.

☐ Entschuldigungen finden: Der Partner gibt zu, dass ein Vorwurf zutrifft, zieht sich aber darauf zurück, er habe in der konkreten Situation nicht anders handeln können (meist aufgrund äußerer Umstände, die er selbst nicht unter Kontrolle hat).

☐ »Gedankenlesen«: Gespräche werden so geführt, dass man dem anderen vorab mitteilt, wie er die Sache sieht (Beispiel: »Wenn ich dir sage, dass du hättest pünktlich zu unserer Verabredung kommen sollen, bist du wieder beleidigt«).

☐ Vorwürfe mit Gegenvorwürfen kontern: Die Partner hören gar nicht mehr auf das, was konkret gesagt wird, sondern verhalten sich wie in einem Krieg. Nach dem Motto »Der andere schießt, also wird zurückgeschossen«.

☐ Sich und den anderen wiederholen: »Das hast du mir schon zehnmal gesagt, und ich habe dir zehnmal darauf geantwortet, dass ...«

☐ Einen Fehler in zynischer Form zugeben, etwa: »Ja, ja, hast wieder mal recht.«

☐ Einen Fehler zugeben, aber keine Konsequenz daraus ziehen und denselben Fehler wieder begehen.

Das bedeutet Ihr Ergebnis

Haben Sie mehrere Kreuze gemacht? Dann sind Interesse und Engagement füreinander aus Ihrer Beziehung leider schon weitestgehend verschwunden. Man artikuliert zwar noch seinen Unwillen und Ärger, aber die Form, in der das geschieht, ist eher ein Ritual: immer dieselben Worte, immer dieselben Themen. Die Partnerschaft ist abgekühlt und zur Routine geworden. Eine längerfristige Einigung bleibt die Ausnahme, Lösungen werden selten oder gar nicht mehr gefunden.

Ist es so weit gekommen, sind die Probleme zwischen den Partnern meist auch für andere offensichtlich. Außenstehende entpuppen sich zwar oft als gute Zuhörer, können meist aber auch nicht helfen. Denn erst mit professioneller Hilfe durch einen Paar-Therapeuten (als neutraler Instanz!) sind die meisten Menschen bereit, nicht nur mit dem Finger auf den Partner zu zeigen, sondern auch die eigenen Fehler einzugestehen. Im günstigsten Fall kann diese entscheidende Kurskorrektur einen Prozess in Gang setzen, der die Beziehung langsam, aber sicher wieder aus der Krise führt.

Teil IV:
Können Sie sich im Job behaupten?

Wer lächelt, statt zu toben,
ist immer der Stärkere
(Japanisches Sprichwort)

Die moderne Arbeitswelt ist schnelllebig und stressig. Wer sich behaupten will, muss flexibel bleiben. Und das nicht nur in Bezug auf den Job. Auch das Privatleben muss sich den beruflichen Belangen anpassen können. Wer beispielsweise wegen des Jobs umzieht, bekommt es nicht nur mit neuen Arbeitskollegen zu tun, sondern auch mit neuen Nachbarn und Freunden. Da bedarf es sozialer Flexibilität. Und die gründet sich natürlich auf der sozialen Intelligenz.

Manchen Menschen muss man das Prinzip gar nicht weiter erläutern, da ihr Job ein bestimmtes Maß an sozialem Verhalten voraussetzt, etwa im Dienstleistungsbereich oder in medizinischen Berufen. Sie wissen, dass man sich im Umgang mit anderen nicht durch Ablehnung erschüttern lassen darf, dass man gleichbleibend freundlich und ausgeglichen erscheinen muss, um trotzdem etwas zu erreichen. Dazu sollte man sein eigenes Gefühlsleben managen können. Nur so kommen gute und erfolgreiche Beziehungen zu anderen Menschen zustande.

Wer also mit seinen eigenen Gefühlen umgehen und dazu auch die Emotionen anderer richtig einschätzen kann, kann deutlich besser im Job bestehen. Denn er gewinnt an Entscheidungssicherheit, schafft es, Arbeitsdruck und Niederlagen positiv zu bewältigen, bleibt bei Konflikten fair, verfügt über die Fähigkeit, sich gebrauchen zu lassen, ohne daran kaputtzugehen, und kann im richtigen Moment loslassen.

Die Tests in diesem letzten Kapitel zeigen Ihnen auf, wie gut es Ihnen gelingt, sich an Ihrem Arbeitsplatz zu behaupten, und in welchen Bereichen Sie sich und Ihren Kollegen das Berufsleben noch etwas erleichtern könnten.

Test 1: Wie gut können Sie mit Kritik umgehen?

Ohne Kritik von unseren Mitmenschen kommen wir nicht durch den Arbeitsalltag. Manchmal sind es gutgemeinte Ratschläge, manchmal will man uns aus niederen Beweggründen einfach nur angreifen. Nehmen Sie sich diese Mäkeleien zu Herzen? Oder lassen Sie alles an sich abprallen? Der Test sagt Ihnen, wie gut Sie Kritik ertragen. Entscheiden Sie sich bitte bei den Fragen jeweils für eine von drei Antwortmöglichkeiten.

1 Wenn ich eine neue, umfangreiche Aufgabe erledigt habe,

[a] bin ich neugierig auf die Reaktion meines Chefs und auf weitere Anregungen.

[c] möchte ich gern Anerkennung für meine Mühe.

[b] ist mir vor allem wichtig, dass ich mit meiner Arbeit zufrieden bin.

2 Wie reagieren Sie auf so eine Zurechtweisung?

[c] Ich bin geknickt und nehme mir vor, besser zu werden.

[b] Ich tröste mich damit, dass Fehler menschlich sind.

[a] Ich ärgere mich über den Chef/die Chefin.

3 Längere Autofahrten mit einem Beifahrer

a sind mir sehr angenehm, weil jeder mal ein Stück fahren kann.

c mag ich nicht, ich bin lieber allein unterwegs.

ᕙ b finde ich toll, weil man sich unterhalten kann.

4 Ihr Arbeitskollege kritisiert die Unordnung auf Ihrem Schreibtisch. Ihre Reaktion:

c Das geht ihn gar nichts an.

b Ich bitte ihn um Hilfe beim Aufräumen.

ᕗ a Er hat recht.

5 Als Gesprächspartner bevorzuge ich Menschen, die mir geistig

c eher unterlegen sind.

a etwa ebenbürtig sind und das gleiche Niveau wie ich selbst haben.

ᕗ b überlegen sind, weil ich da etwas lernen kann.

6 Wo haben Sie sich als kleines Kind richtig geborgen gefühlt?

ᕗ b Eigentlich nirgendwo.

a Bei vielen Menschen.

c Nur bei meiner Familie zu Hause.

7 Wenn Freunde von mir feiern und mich dazu nicht einladen,

ᕗ b finde ich das irgendwie seltsam.

a ärgert mich das.

c fühle ich mich tief enttäuscht und verletzt.

8 Wenn Politiker etwas im Fernsehen sagen,

☐ b glaube ich denen zunächst kein Wort.
☐ c gehe ich immer vom Guten im Menschen aus.
✓ a schaue ich, ob ihre Worte mit ihren Taten übereinstimmen.

9 Sie ernten mit einer naiven Frage im Kollegenkreis Gelächter. Wie reagieren Sie?

✓ b Ich lache einfach mit.
☐ a Ich grinse verlegen.
☐ c Ich würde am liebsten im Boden versinken.

10 Wenn ich auf einem Foto etwas unvorteilhaft aussehe,

☐ a bewahre ich das Bild natürlich trotzdem auf.
☐ b mache ich mir den Spaß und zeige es anderen.
✓ c werfe ich es sofort weg.

11 Entschuldigen oder rechtfertigen Sie sich häufig vor anderen?

☐ c Ja, das ist so eine Angewohnheit von mir.
☐ b Nein, das ist nicht nötig.
✓ a Das kommt schon mal vor, wenn es wichtig ist.

12 Wenn mir mal etwas misslingt,

✓ c gebe ich mir meist selbst die Schuld.
☐ a hat selten jemand Schuld; oft liegt es an ungünstigen Umständen.
☐ b haben meist andere Menschen die Schuld.

13 Weisen Sie Ihre Kollegen gern auf deren Fehler hin?

b Das kommt nur sehr selten vor.
✓a Gelegentlich schon.
c Natürlich, mich verschont ja auch keiner.

Das bedeutet Ihr Ergebnis 5

Sie haben am häufigsten a angekreuzt: Sie sind grundsätzlich bereit, sich die Kritik anderer zu Herzen zu nehmen. Aber Sie glauben nicht alles, was man Ihnen sagt. Und prüfen daher gründlich, ob man es wirklich ernst mit Ihnen meint oder Sie nur in ein schlechtes Licht rücken will. Gegen ungerechtfertigte Vorwürfe setzen Sie sich dann konsequent zur Wehr. Trotzdem lassen Sie sich durch den einen oder anderen Tadel mehr ins Bockshorn jagen, als nötig wäre. Das kann dazu führen, dass Sie am Arbeitsplatz gehemmt und unsicher wirken. Seien Sie also künftig nicht mehr so streng mit sich – jeder darf sich schließlich mal kleine Fehler erlauben.

Sie haben am häufigsten b angekreuzt: An Ihnen prallt die meiste Kritik ab wie ein Gummiball. Mit Ihrem starken Selbstbewusstsein stehen Sie über den Dingen. Das schützt Sie zwar, kann aber gleichzeitig dazu führen, dass Sie auch gutgemeinte Hinweise nicht wahrnehmen. Dadurch wirken Sie auf Ihr berufliches Umfeld womöglich schnell arrogant und überheblich. Versuchen Sie also, Kritik als Anregung für Ihre persönliche Entwicklung zu sehen. Und denken Sie darüber nach, ob Sie den einen oder anderen gutgemeinten Rat Ihrer Kollegen nicht doch mal beherzigen sollten.

Sie am häufigsten c angekreuzt: Sie möchten am liebsten jeden Kollegen zum Freund haben. Daher suchen Sie eher

Bestätigung, aber keine Kritik. Wenn Sie sich doch mal einen Tadel einfangen, ziehen Sie sich gekränkt in Ihr Schneckenhaus zurück. Oder Sie greifen den anderen wie einen Feind an und zahlen mit gleicher Münze heim. Beide Reaktionen sind am Arbeitsplatz völlig unangemessen und wirken unprofessionell. Versuchen Sie daher, derartige Situationen künftig souveräner zu meistern, und fühlen Sie sich nicht gleich persönlich angegriffen, wenn man mal etwas an Ihrer Leistung zu bemängeln hat. Je offener Sie in Zukunft mit Kritik umgehen können, desto weniger weh wird Ihnen diese Kritik tun.

Test 2: Sind Sie ein Kämpfer?

Vielen Menschen fällt es schwer, für ihre Interessen einzutreten. Sie halten das für zu ichbezogen. Doch ohne eine gesunde Portion Egoismus gehen wir – vor allem in der Arbeitswelt – unter. Wer sich nicht durchsetzen kann, hat es schwer. Wie sieht es bei Ihnen aus? Sind Sie ein Anhänger der »Ellenbogentechnik« oder lassen Sie sich zu viel gefallen? Bitte entscheiden Sie sich bei den folgenden Aussagen für »richtig« oder »falsch«.

Das Wichtigste bei einem Streit ist, dass man ihn so schnell wie möglich beendet. ___ ☐ richtig ☑ falsch

Wer seinen Standpunkt durchsetzen will, verhält sich unmoralisch. _____ ☑ richtig ☐ falsch

Bevor Arbeit liegenbleibt und keiner sich drum kümmert, mache ich sie. _____ ☐ richtig ☑ falsch

Wenn ich mich über etwas ärgere, sage ich nichts, sondern bringe es schnell in Ordnung. _____ ☐ richtig ☑ falsch

Öfter als mir lieb ist, lassen meine Kollegen mich allein. Das muss ich akzeptieren. _____ ☐ richtig ☑ falsch

Bei Meetings und Sitzungen lasse ich meist die anderen reden. _____ ☐ richtig ☑ falsch

Es ist mir unangenehm, die Kollegen um Rat zu fragen. _____ ☐ richtig ☑ falsch

Manchmal gerate ich in Wut, obwohl ich es gar nicht will und es mir auch nicht erklären kann. _____ ☐ richtig ☑ falsch

Ich bin ein fröhlicher Mensch, aber es fällt mir schwer, andere zum Lachen zu bringen. _____ ☐ richtig ☑ falsch

Wenn ich mich mal über etwas beschwere, komme ich oft vom Hundertsten ins Tausendste. _____ ☐ richtig ☑ falsch

Wenn ich schlechte Stimmung in mir spüre, bin ich lieber still, weil ich Angst habe, andere Menschen zu verletzen _____ ☑ richtig ☐ falsch

Manchmal wundere ich mich, wie unfair die Kollegen zu mir sind. _____ ☐ richtig ☑ falsch

Ich bin immer hilfsbereit. _____ ☑ richtig ☐ falsch

Das bedeutet Ihr Ergebnis

Weniger als 5-mal »richtig«: Sie versuchen, Kampf und Krampf sowohl im Privatleben als auch im Job zu vermeiden. Aber Sie wissen, dass das nur geht, wenn man rechtzeitig offen sagt, was einem im Leben und bei anderen Menschen missfällt. Dazu haben Sie den Mut. Und können so Konflikte bereinigen, ehe sie sich zu einer großen Krise ausweiten. Ihr diplomatisches Geschick erleichtert Ihnen die Sache. Denn Sie haben einen Weg gefunden, Ihre Interessen so zu vertreten, dass andere Menschen deswegen nicht verärgert oder beleidigt sind.

5- bis 11-mal »richtig«: Sie kämpfen nicht gern, aber immerhin: Sie »kneifen« auch nicht. Zumindest nicht, wenn Bekannte oder Kollegen etwas Ungerechtes tun. Unangenehm ist es Ihnen eher, wenn Sie sich selbst gegen Ungerechtigkeiten wehren müssen. Da sind Sie zu oft still und meiden lieber jeden Konflikt. Für Sie und Ihre Mitmenschen wäre es daher hilfreich, wenn Sie Ihre Grenzen genauer aufzeigen würden. Dann gibt es künftig von vornherein weniger kritische Situationen, aus denen Streit entstehen könnte.

Mehr als 11-mal »richtig«: Kämpfen ist Ihnen ein Greuel. Lieber geben Sie klein bei, denn Sie wünschen sich vor allem Ruhe und Frieden um sich herum. Daher sind Sie immer wieder enttäuscht, wenn diese Harmonie (vor allem durch Ihre Mitmenschen) gestört wird. Doch ein Teil des Problems sind Sie selbst: Sie teilen Ihre ehrliche Meinung viel zu selten mit, vertreten Ihre Interessen nicht richtig und laden dadurch die anderen geradezu ein, immer neue Grenzen zu überschreiten. Konflikte sind dann unvermeidlich. Wenn Sie in Zukunft mehr für Ihre Belange kämpfen und sich nicht mehr so viel gefallen lassen, werden Sie sich deutlich besser fühlen, und der Dauerfrust schwindet.

Test 3: Lassen Sie sich unter Druck setzen?

Manche Menschen bleiben heiter, auch wenn ihnen das Leben die ernsten Seiten zeigt. Haben Sie genug von dieser Fähigkeit? Bitte kreuzen Sie alle Aussagen an, denen Sie zustimmen.

☑ Menschen, die einfach so in den Tag hinein leben, sind mir unbegreiflich.

☐ Ich werde eigentlich ständig von einem kontrollierenden Gewissen begleitet.

☑ Jede Sünde nehme ich mir übel.

☐ Meine Vorstellung von Religion hat mehr mit »protestantischem« Ernst als mit »barocker« Fröhlichkeit zu tun.

☐ Eine der wichtigsten Aufgaben im Leben ist, die eigenen Schwächen zu erkennen.

☐ Wer Schwächen bei sich erkannt hat, darf sie nicht tolerieren, sondern muss sie abstellen.

☐ Es wäre für mich eine Katastrophe, wenn ich an meinem Lebensstandard deutliche Abstriche machen müsste.

☐ Ich schlafe meist etwas unruhig und komme morgens selten fröhlich strahlend aus dem Bett.

☐ Ich esse jeden Tag Süßigkeiten.

☐ Wenn ich aufgeregt bin, esse ich oft schnell etwas.

☐ Wenn ich Sport treibe, verlange ich mir meist größere Leistungen ab, als ich eigentlich erbringen wollte.

☐ Ich denke im Laufe eines Tages mindestens so viele Minuten daran, dass ich Sport treiben sollte, wie ich wirklich Sport treibe.

☐ Meine Lebensgrundsätze sind nur sehr schwer einzuhalten.

☐ Oft weiß ich abends gar nicht, was ich den ganzen Tag über getan habe.

☐ Ich habe zu wenig Zeit, um einfach mal mit Freunden gemütlich beisammenzusitzen.

☑ Ich erkenne bei anderen Menschen oft Fehler und weiß, was sie im Leben besser machen könnten.

☐ Der Gedanke, irgendwann nicht mehr am Leben zu sein, macht mir Angst.

Das bedeutet Ihr Ergebnis

Weniger als 8 Kreuze: Sie hassen Stress, Sie rebellieren gegen Anspannung, Sie möchten locker und cool sein. Vermutlich sind Sie in jungen Jahren stark zu Selbstdisziplin und Selbstkasteiung erzogen worden. Das hat Sie unglücklich gemacht, und deshalb ist Ihnen heute alles, was nach Moral und Disziplin aussieht, gleichbedeutend mit Druck, dem man tunlichst aus dem Wege geht. Das ist eine sympathische und nachvollziehbare Lebenseinstellung. Allerdings mit einer Einschränkung: Manchmal muss man sich einen Ruck geben und auch unangenehme Dinge erledigen. Sonst sammelt sich so viel schlechtes Gewissen an, dass Sie sich doch nicht entspannt gehenlassen können. Sie genießen dann die einzelnen Augenblicke der Ruhe nicht, weil sie innerlich doch unruhig sind. Insbesondere im Berufsleben kann eine zu laxe Einstellung lästigen Pflichten gegenüber schnell zu einer Abmahnung oder einer Kündigung führen. Nehmen Sie daher vor allem im Job die Disziplin künftig etwas ernster!

8 bis 13 Kreuze: Sie kennen beides: Anspannung und Entspannung. Einerseits können Sie ein großes Maß an Selbstbeherrschung aufbringen. Andererseits gelingt es Ihnen auch, ganz locker, relaxt und ungezwungen zu sein. Weil Sie sich gut einschätzen können, verlangen Sie selten etwas von sich, das über die eigenen Kräfte geht. Allerdings gibt es Punkte, bei denen Sie sich unter Druck setzen. Das ist vor allem am Arbeitsplatz der Fall, etwa beim Fertigstellen angefangener

Aufgaben oder bei den täglichen Routinepflichten. Hier sind Sie geradezu pedantisch diszipliniert, weil Sie wissen, dass man um diese Dinge nicht herumkommt und dass man sie am besten immer gleich erledigt, weil man sonst schnell als unzuverlässig gilt.

Mehr als 13 Kreuze: Sie sind im Moment nicht sehr entspannt und lassen sich unter Druck setzen. Ihr Streben geht zwar dahin, ausgeglichen zu sein, aber Sie versuchen, dies ausgerechnet mit Selbstdisziplin und Selbstbeherrschung zu erreichen. Das kann nicht klappen. So verzichten Sie auf viele kleine Freuden, die das Leben bieten kann, stattdessen verlangen Sie von sich selbst ständig überdurchschnittliche Leistungen. Damit sind Sie für jeden Chef der perfekte Angestellte: immer fleißig, engagiert und motiviert. Ohne Frage stehen Ihre Chancen auf dem heutigen Arbeitsmarkt dadurch recht gut. Trotzdem sollten Sie – schon aus gesundheitlichen Gründen – aufpassen, dass der berufliche Druck bei Ihnen nicht zu hoch wird.

Test 4: Respektiert man Sie wirklich?

Kennen Sie das: Sie geben jemandem den kleinen Finger, und er nimmt gleich die ganze Hand? Sind Ihre Mitmenschen nun zu respektlos zu Ihnen – oder verhalten Sie selbst sich womöglich falsch? Der Test verrät es Ihnen. Entscheiden Sie sich bitte bei den Fragen jeweils für eine von drei Antwortmöglichkeiten.

1 Sie haben jemandem ausnahmsweise nur ein kleines Geburtstagsgeschenk gemacht. Derjenige bedankt sich zwei Wochen lang nicht. Wie ist Ihre Reaktion?

- b Ich bin wütend.
- c Ich bin enttäuscht.
- a Ich rufe an und frage, ob mein Geschenk nicht angekommen ist.

2 Auf der Hochzeit Ihres befreundeten Kollegen wird Ihr Platz am Tisch des Brautpaares dem neun Jahre alten Patenkind der Braut gegeben, das nicht am Kindertisch sitzen will. Was tun Sie?

- b Ich verlasse die Feier.
- c Ich verlange, dass die alte Tischordnung wieder hergestellt wird.
- a Ich ziehe mich um des lieben Friedens willen mit Humor an den »Katzentisch« zurück.

3 Sie tragen ein Kleidungsstück, das überhaupt nicht zu Ihrem üblichen Stil passt. Welche Reaktion erwarten Sie von Ihren Kollegen?

- b Überhaupt keine.
- c Einen spaßigen Kommentar auf meine Kosten.
- a Ein Kompliment.

4 Sie überraschen einen Kollegen dabei, wie er heimlich Ihre Post liest. Was tun Sie?

[b] Ich weise ihn so deutlich zurecht, dass er so etwas nie wieder macht.

[c] Gar nichts, ich übersehe die Sache.

[a] Ich mache eine ironische Bemerkung in dem Stil: »Na, ist da etwas Interessantes?«

5 Ein Kollege spannt Sie ständig ein, um Gefälligkeiten zu erledigen. Wie wehren Sie sich?

[b] Mit empörter Ablehnung für diese ständige Zumutung.

[c] Mit Ausreden und Notlügen.

[a] Mit dem Vorschlag, nur dann etwas für ihn zu tun, wenn es meine Arbeit nicht stört.

6 In Ihrem Bekanntenkreis macht jemand, Typ Alleinunterhalter, ständig Späße auf Ihre Kosten. Wie unterbinden Sie das?

[b] Durch Verlassen der Runde.

[c] Durch eisiges Schweigen, wenn alle lachen.

[a] Durch ein Gespräch unter vier Augen mit ihm.

7 Ihr Kollege ist meist unpünktlich. Er lässt Sie bei fast jeder Verabredung die berühmten fünf Minuten warten. Ihre Reaktion?

[b] Ich bin für den Rest des Tages sauer.

[c] Ich bitte ihn, endlich pünktlich zu sein.

[a] Ich versetze ihn einige Male ebenfalls so richtig.

8 Ein Kollege benutzt Sie ständig als seelischen Mülleimer, nimmt aber nie einen Ratschlag von Ihnen an. Wie verhalten Sie sich ihm gegenüber?

b Ich meide zukünftig den Kontakt mit ihm.

c Ich reduziere den Kontakt auf das Mindestmaß.

✓ a Ich sage ihm, dass ich diese Gespräche nicht mehr möchte, weil sie kein Ergebnis zeigen.

9 Sie helfen einem Kollegen mit etwas Geld aus, bekommen es aber nicht wieder. Fordern Sie es zurück?

b In jedem Fall.

c Nur, wenn der Kollege es zurückzahlen kann.

✓ a Nein, ich schenke es ihm und sage gleichzeitig, dass ich ihm nie wieder etwas leihe.

10 Ein Mensch, den Sie unsympathisch finden, hat beim Pokern Geld von Ihnen gewonnen. Erhält er es?

b Ja, aber erst mit einigen Tagen Verspätung.

c Sofort, weil Spielschulden Ehrenschulden sind.

a Um ihn etwas zu ärgern, gebe ich ihm einen Scheck.

11 Wer hat Ihrer Meinung nach im Leben den größten Erfolg?

✓ b Wer sich am rücksichtslosesten durchsetzt.

c Wer das meiste »Vitamin B« hat.

a Wer am besten mit anderen Menschen umgeht.

12 Wann darf ein Mensch gegen einen anderen körperliche Gewalt anwenden?

b Wenn der andere ihn provoziert.

c Wenn man sich auf andere Weise nicht verteidigen kann.

✓ a Nur in Notwehr.

13 Könnte das Ihr Schreibtisch sein?

[b] Nur, wenn gerade nicht viel zu tun ist.
[c] Nein, bei mir würde es eher chaotisch aussehen.
[a] Ja, durchaus.

14 Was bedeutet Freundschaft für Sie?

☐ b Eine Art Rückversicherung für Notfälle.

☐ c Ein »Netz«, in das man sich hineinfallen lassen kann.

✓ ☐ a Die Chance, die kleinen Freuden und Leiden des Lebens zu teilen.

Das bedeutet Ihr Ergebnis ✓ 9

Sie haben überwiegend ⓐ angekreuzt: Glückwunsch, vor Ihnen hat man Respekt! Zwar passiert es durchaus, dass sich andere Menschen Ihnen gegenüber zu viel herausnehmen. Aber das geschieht in aller Regel nur ein einziges Mal. Denn Sie stellen dann sofort sicher, dass die Situation geklärt wird. Wie ein Schiedsrichter beim Fußball zeigen Sie die Gelbe Karte. Jedem Gegenspieler ist klar, dass als Nächstes die Rote Karte kommen wird – und das riskiert keiner. Sie verhalten sich Freunden, Bekannten und Kollegen gegenüber immer eindeutig und klar, aber trotzdem nie aggressiv. Daher respektiert man sie. Zusätzlich erhalten Sie Sympathiepunkte, weil Sie zu den Schwachen und Ungeschickten sehr tolerant sind. Da übersehen Sie manches, was andere nicht durchgehen lassen würden. So viel Größe dankt man Ihnen.

Sie haben überwiegend ⓑ angekreuzt: Die Menschen haben so viel Respekt vor Ihnen, dass man beinahe von Ehrfurcht sprechen könnte – wenn nicht sogar von Furcht. Ihnen eilt der Ruf voraus, dass man Ihnen tunlichst nicht zu nahe treten sollte. Denn Sie lassen sich von niemandem auf der Nase herumtanzen, weder beruflich noch privat. Dadurch haben Sie es in mancher Beziehung leichter als andere Menschen, weil Sie zwar manchmal richtigen Krach mit Leuten haben, doch selten schwelende Dauerkonflikte. Dennoch könnten

Sie sich die Sache noch etwas angenehmer gestalten, indem Sie sich nicht immer so kompromisslos geben. Wirklicher Respekt Ihnen gegenüber zeigt sich nämlich erst dann, wenn Menschen alle Vorsicht ablegen und rein aus Freude den Umgang mit Ihnen suchen. Davor scheuen manche vermutlich noch zurück. Und das sind nicht immer die schlechtesten.

3

Sie haben überwiegend [c] angekreuzt: Ihren Bekannten und Kollegen fehlt es häufig an Respekt vor Ihnen. Denn Sie sind zu zurückhaltend, wenn es darum geht, für Ihre Rechte einzutreten. Fehler suchen Sie immer zuerst bei sich und nie bei anderen. Gutes Benehmen heißt für Sie vor allem: Streit vermeiden und Konflikten aus dem Weg gehen. Leider provozieren Sie dadurch regelrecht, dass man Sie ausnutzt. Deshalb müssen Sie künftig stärker für Ihre Interessen eintreten. Sonst geht es Ihnen wie in dem Sprichwort: »Wer sich selbst zum Teppich macht, darf sich nicht wundern, wenn auf ihm herumgetrampelt wird.« Sie verdienen, dass man Sie respektiert. Und haben allen Grund, diesen Respekt in Zukunft massiver von Ihren Mitmenschen einzufordern!

Test 5: Können Sie aus Fehlern lernen?

Manche fallen immer wieder auf denselben Typ Mensch her-
ein – und bereuen es. Anderen wird ständig ihre Gutgläubig-
keit in Finanzdingen zum Verhängnis. So einfach ist es also
gar nicht, aus Fehlern klug zu werden. Doch gerade am
Arbeitsplatz ist diese Fähigkeit überlebenswichtig. Wie gut es
damit bei Ihnen bestellt ist, zeigt dieser Test. Entscheiden Sie
sich bitte bei den Fragen jeweils für eine von drei Antwortmöglichkeiten.

1 Pünktlich im Job anzufangen – ist das für Sie häufiger ein
Problem?

c Ja, leider. Mein Chef hat mich schon ermahnt.
b Nein, ich plane für einen Stau oder Zugausfall Zeitreserven ein.
a Normalerweise nicht, es sei denn, es kommt Unvorhergesehenes dazwischen.

2 Sie stehen bei einem Kollegenstreit daneben. Wie verhalten
Sie sich in dieser Situation?

c Ich versuche, diplomatisch zu sein und zu schlichten.
a Das geht mich nichts an.
b Ich stelle mich auf die Seite dessen, der recht hat.

3 Viele Menschen lesen gern Psycho-Ratgeber. Sie auch?

a Ab und zu, wenn ich mal einen speziellen Tipp brauche.
c Nein, das bringt mir nichts. Das ist doch nur graue Theorie.
b Ja, denn so fängt man an, auch mal über sich selbst nachzudenken.

4 Sie haben Ihre Geldbörse mit 50 Euro darin verloren. Wie reagieren Sie?

a Ich frage mich, wie und wo es dazu gekommen sein könnte.
c So etwas geschieht immer nur mir.
b Verärgert – aber das passiert mir nicht wieder.

5 Nehmen Sie persönliche Kritik von anderen ernst?

b Ja, ich überlege immer, ob da nicht etwas dran sein könnte.
c Nein, darum kümmere ich mich nicht.
a Ja, wenn sie berechtigt ist und von guten Freunden kommt.

6 Sie müssen an einem »Brückentag« arbeiten. Ärgern Sie sich darüber?

c Ja, immer wieder sind andere schneller bei der Urlaubsplanung.
a Nein, dafür habe ich beim nächsten Mal ein langes Wochenende.
b Wenn mir das passiert, dann habe ich den Urlaubstag absichtlich nicht genommen.

7 Ein Freund gibt Ihnen einen Tipp für eine Geldanlage. Riskieren Sie etwas?

a Kommt drauf an, ob sich der Freund mit Gelddingen auskennt.
c Na klar, wer nie etwas riskiert, gewinnt nicht.
b Nein, damit bin ich einmal reingefallen. Ich verlasse mich nur noch auf meine eigene Nase.

8 Ein Freund kommt viel zu spät zu einer Verabredung. Was sagen Sie?

a Ich mache ihm Vorhaltungen, akzeptiere aber seine Entschuldigung.
b Ich sage ihm, dass ich beim nächsten Mal Konsequenzen ziehe.
c Das kann doch jedem mal passieren.

9 Sie probieren etwas am Computer aus, und es gelingt nicht. Wie reagieren Sie?

b Ich frage jemanden, der sich damit auskennt, was ich falsch gemacht haben könnte.
c Das muss am PC gelegen haben.
a Ich überlege, ob ich einen Schritt ausgelassen habe.

10 Ihr Kollege drückt sich um eine gemeinsame Aufgabe. Wie verhalten Sie sich?

c Ich mache sie mal wieder allein.
a Ich erledige nur das Nötigste und überlasse ihm den Rest.
b Ich lege auch die Hände in den Schoß und warte ab, was passiert.

11 Hören Sie von Freunden häufig dieselben Vorwürfe?

a Ja, die betreffen meine kleinen Macken.
b Nein, nie.
c Leider ja – und sie haben auch Grund dazu.

12 Welcher Lebensgrundsatz trifft eher auf Sie zu?

c Kein Erfolg ohne Risiko.
a Spontan sein, aber nachdenklich bleiben.
b Erst denken, dann handeln.

13 Können Sie gut nein sagen?

c Leider nicht.

b Ja, aber früher habe ich mich oft von anderen einspannen lassen.

a Es kommt darauf an, wer mich um etwas bittet.

Das bedeutet Ihr Ergebnis

6

Sie haben überwiegend a **angekreuzt:** Sie können aus Fehlern lernen! Denn Sie haben sich angewöhnt, über Ihr Handeln nachzudenken, wenn dabei mehr als einmal etwas schiefgegangen ist. Dabei grübeln Sie nicht stundenlang herum, sondern bleiben trotzdem spontan und offen für Neues. Sie haben also keine Angst, immer mal wieder (neue) Fehler zu machen, im Gegenteil – die gehören für Sie zum Leben dazu. Mit dieser gesunden Einstellung sind Sie gut gerüstet. Sie werden immer von Ihren Patzern profitieren und sich nicht von ihnen aus der Ruhe bringen lassen.

5

Sie haben überwiegend b **angekreuzt:** Sie sind ein sehr überlegter Mensch. Und Sie gehen all Ihren Handlungen stets auf den Grund. Ein einmal gemachter Fehler passiert Ihnen dadurch kein zweites Mal. Und Sie beobachten auch die Kollegen, um aus deren Pannen zu lernen. So viel Vernunft und Rationalität kann allerdings leicht die Spontaneität aus Ihrem Leben vertreiben. Im Job mag das noch zu verschmerzen sein, dort gelten schließlich besondere Regeln. Doch im Privatleben sollten Sie ruhig dann und wann aus dem Bauch heraus handeln. Denn selbst, wenn Sie einen Fehler zweimal machen, geht die Welt nicht unter, und niemand lacht Sie aus.

Sie haben überwiegend $\boxed{c}$ **angekreuzt:** Sie sind spontan und handeln auch so. Tatsächlich ist es Ihnen viel zu mühsam, Entscheidungen aus der Vergangenheit nachträglich zu hinterfragen. Falls Ihnen Missgeschicke passieren, so sehen Sie die Ursache dafür meist in widrigen Umständen. Dementsprechend lassen Sie sich selten entmutigen. Aber gleichzeitig ist dadurch die Gefahr recht groß, dass Sie alte Fehler öfter wiederholen. Etwas mehr Nachdenklichkeit und Selbstkritik könnten Ihnen also guttun. Denn sonst passieren Ihnen viele Pannen immer und immer wieder. Und besonders am Arbeitsplatz kann das schnell unangenehme Folgen nach sich ziehen …

Test 6: Haben Sie zu wenig Geduld?

Manche Menschen sind ein Fels in der Brandung. Andere werden schnell fahrig und nervös. Im Job ist es natürlich von Vorteil, Ruhe zu bewahren. Denn wer bei der Arbeit geduldig bleibt, vermeidet Fehler, fühlt sich nicht so ausgelaugt und ist weniger leicht reizbar. Das garantiert einen besseren Umgang mit den Kollegen. Der folgende Test verrät, wie geduldig Sie sind. Entscheiden Sie sich bitte bei den Fragen jeweils für eine von drei Antwortmöglichkeiten.

1 »Das dauert mir zu lange« – wie oft sagen oder denken Sie das?

| c | Eigentlich nie, denn danach geht auch nichts schneller.
| b | Ab und zu, wenn ich es wirklich eilig habe.
| a | Fast täglich, weil mir meist die Zeit davonläuft.

2 Fällt Ihnen das Stillstehen schwer, wenn Sie irgendwo warten müssen?

| c | Nein, damit habe ich gar kein Problem.
| b | Nur, wenn ich einen wichtigen Termin einhalten muss.
| a | Ja, meist gehe ich dann auf und ab.

3 Wie gehen Sie mit einem kleinen Misserfolg um?

| a | Der kann mich ziemlich aus der Fassung bringen.
| c | Ich bleibe gelassen, nehme ihn mit Humor.
| b | Mal ganz locker und mal ziemlich genervt.

4 Wie reagieren Sie, wenn sich jemand vordrängeln will?

| b | Ich meckere zwar, lasse ihm aber den Vortritt.
| a | Ich verbitte mir das und lasse ihn nicht vor.
| c | Wenn es jemand so eilig hat, stehe ich mal zurück.

5 Kommt es vor, dass Sie Ihrem Gesprächspartner ins Wort fallen?

✔ b Nur, wenn er nicht auf den Punkt kommt.

c Nein, ich höre mir alles in Ruhe bis zu Ende an.

a Ja, das passiert öfter.

6 Wie reagieren Sie, wenn jemand unpünktlich ist?

a Ich warte nicht.

b Ich bin verärgert und beschwere mich.

✔ c Ich nehme das locker, das kann jedem mal passieren.

7 Welcher Aussage können Sie zustimmen?

✔ b Ab und zu etwas Stress, das lässt sich im Alltag kaum vermeiden.

a Hektik bestimmt heute unser gesamtes Leben.

c Mit Gelassenheit geht im Alltag alles viel leichter.

8 Sie wollen in der Firmenkantine essen, aber die Schlange ist lang. Was tun Sie?

b Ich stelle mich an, gehe nächstes Mal aber zu einer anderen Zeit hin.

✔ c Ich verkürze mir die Wartezeit mit dem Beobachten anderer Leute.

a Ich verzichte auf warmes Essen und hole mir woanders ein belegtes Brötchen.

9 Lassen Sie bei Ärger spontan Dampf ab?

c Nein, ich kann mich sehr gut beherrschen.

a Ja, wenn mir der Kragen platzt, muss das raus.

✔ b Ja, aber ich bleibe immer möglichst sachlich dabei.

10 Sie möchten schnell einen Brief kopieren. Der Kopierer ist allerdings schon von einem Kollegen besetzt, der einen großen Stapel Unterlagen kopiert. Wie verhalten Sie sich?

b   Ich gehe weg und kopiere meinen Kram später.

c   Wenn ich genug Zeit habe, warte ich, bis ich dran bin.

a   Ich frage, ob mich der Kollege vorlässt, damit ich mein einzelnes Blatt schnell kopieren kann.

11 »Zeit ist Geld« – können Sie dieser Aussage voll zustimmen?

c   Nein, denn mit Geduld kommt man viel weiter.

b   Ab und zu schon.

a   Unbedingt, denn Geld bestimmt den Lebenstakt.

12 Wenn Sie auf der Autobahn fahren, welche Spur benutzen Sie?

b   Wenn ich es eilig habe, fahre ich häufiger links.

c   Mal links, mal rechts – ich versuche, im Verkehr mitzuschwimmen.

a   Ich fahre links, sonst geht es mir zu langsam.

13 Sie wollen in der Mittagspause schnell etwas einkaufen. Ein Kollege hält Sie auf. Wie reagieren Sie?

b   Ich höre mir an, was er möchte, und melde mich später bei ihm.

a   Ich sage ihm, dass ich keine Zeit habe.

c   Ich kümmere mich um ihn und verschiebe meinen Einkauf.

Das bedeutet Ihr Ergebnis

Sie haben überwiegend a angekreuzt: Ihr Geduldsfaden reißt schon bei geringster Beanspruchung. In Ihrer Gegenwart herrschen oft Hektik und Turbulenzen. Gelingt Ihnen etwas nicht sofort oder müssen Sie warten, werden Sie sehr schnell nervös. Auch mit Ihren Mitmenschen haben Sie wenig Geduld. Sie nehmen lieber alles selbst in die Hand, als auf einen »Trödler« zu warten. Das kann Sie bei Ihren Kollegen unbeliebt machen. Ihre hohen Ansprüche an sich und andere sollten Sie deshalb etwas herunterschrauben. Und lernen Sie, nicht ständig gleich alles an sich zu reißen. Entspannungstraining könnte Ihnen dabei helfen, Ihre Geduld zu trainieren.

Sie haben überwiegend ⟨b⟩ angekreuzt: Sie sind zwar eher ungeduldig veranlagt, können das aber sehr gut im Zaum halten. Deshalb fällt es Ihnen auch nicht schwer, abzuwarten. In Fällen, wo Verzögerungen allerdings nichts bringen, handeln Sie sofort. Und wenn Sie etwas Wichtiges zu erledigen haben und die Zeit drängt, können auch Sie schon mal »kribbelig« werden. Das ist nicht schlimm, so wird es auch den meisten Ihrer Kollegen gehen. Atmen Sie einfach ein paar Mal tief durch, wenn es hektisch wird und Sie die Geduld zu verlieren drohen. Damit bauen Sie die Anspannung ab und signalisieren Ihrem Körper, dass er keine Stresshormone produzieren muss.

Sie haben überwiegend ⟨c⟩ angekreuzt: Sie sind die Ruhe selbst. Um Ihre Engelsgeduld werden Sie wahrscheinlich oft beneidet. Denn wo andere entnervt aufgeben, sagen Sie sich »Gut Ding will Weile haben«. Diese Einstellung bringt Ihnen bei Kollegen und Vorgesetzten viele Sympathien ein. Doch sie kann auch ein Nachteil sein. Denn wenn schnelles Handeln nötig ist, zaudern und zögern Sie zu oft. Außerdem neigen Sie dazu, Ihre Geduld ausnutzen zu lassen. Und manche Kollegen testen gern, wie weit sie gehen können, bis auch Ihnen der Kragen platzt. Um derartige Provokationen künftig zu vermeiden, sollten Sie bei passender Gelegenheit deutlich zeigen, dass auch Ihre Geduld Grenzen hat.

Test 7: Steckt in Ihnen mehr, als Sie sich zutrauen?

Viele Menschen trauen sich selbst zu wenig zu. Das hat oft auch im Umgang mit anderen Menschen seine Auswirkungen. Denn wer meint, etwas nicht oder nur schlecht zu können, entwickelt schnell Neidgefühle gegenüber anderen. Und wittert Rivalitäten, wo gar kein Wettbewerb besteht. Ob Sie dafür anfällig sind und ob verborgene Talente in Ihnen schlummern, verrät der folgende Test. Entscheiden Sie sich bitte bei den Fragen jeweils für eine von drei Antwortmöglichkeiten.

1 Wenn ich einen Tag mit vielen unangenehmen Pflichten vor mir habe,

a verschlafe ich des Öfteren.

b schlafe ich nicht weniger oder mehr als sonst auch.

c wache ich früher auf als gewöhnlich.

2 Wenn mir etwas misslingt,

a bin ich ziemlich deprimiert.

c gehe ich locker darüber hinweg. Man kann im Leben nicht immer gewinnen.

b prüfe ich sehr kritisch, was ich falsch gemacht habe.

3 Unangenehmen Papierkram

c erledige ich sofort.

a schiebe ich so lange wie möglich auf.

b lasse ich erst mal einen Tag liegen.

4 Wie ist Ihre Einstellung zum Erfolg?

b Geld allein macht nicht glücklich.

a Manche Menschen sind einfach mit besseren Chancen auf die Welt gekommen.

✓ c Geld zu haben, ist von Vorteil. Aber ich genieße das, was ich habe.

5 Sie haben einen Fehler entdeckt. Sagen Sie es dem Chef?

a Wenn es kein grober Fehler ist, korrigiere ich ihn nur.

c Ja. Und ich sage ihm, dass ich den Fehler auch schon berichtigt habe.

✓ b Ich korrigiere den Fehler und erwähne es beizeiten.

6 Sie sollen für einen ausscheidenden Kollegen eine Rede halten. Wie reagieren Sie?

a Ich versuche, einen Ersatzredner zu finden.

b Ich mache es – gleichgültig, ob ich dabei brilliere oder nicht.

✓ c Ich sehe das als Chance, auch endlich mal gehört zu werden.

7 Singen oder pfeifen Sie manchmal bei der Arbeit?

✓ c Ja, fröhlich und laut, auch wenn ich die Töne nicht treffe.

b Ja, still und leise vor mich hin.

a Selten – und nur, wenn es garantiert niemand hört.

8 Bei einem Firmenessen sitzen Sie neben einem Wissenschaftler, von dessen Arbeit Sie keine Ahnung haben. Wie reden Sie mit ihm?

✓ b Ich stelle ihm möglichst viele Fragen.

c Ich schneide Themen an, von denen ich mehr verstehe als er.

a Ich wende mich meinem Tischnachbarn auf der anderen Seite zu.

9 Weniger wichtige Routinearbeit lasse ich manchmal liegen, weil

a ich einfach ausgebrannt und müde bin.

✓c ich mich komplett auf eine andere, wichtigere Aufgabe konzentriere.

b ich auf diese Sache gerade keine Lust habe.

10 Was denken Sie über die Möglichkeit, im Internet viel Geld zu machen?

a Das würde ich auch gern können.

b Ein guter Weg, um an Geld zu kommen.

✓c Das habe ich mir auch schon mal überlegt.

11 Was empfinden Sie bei dieser Besprechungsszene?

✓b Hoffentlich kommen die anderen auch mal zu Wort.

a Bewunderung für den Redner. Ich könnte das nicht.

c Da ist jemand sehr selbstsicher und zeigt Engagement.

12 Wenn Sie in den Spiegel sehen, was denken Sie dann?

a Ich muss dringend an mir arbeiten.
c Ich darf zufrieden sein.
✓ b Ich könnte noch etwas besser aussehen.

13 Haben Sie schon einmal daran gedacht, sich weiterzubilden (Volkshochschule, Fernkurse oder Ähnliches)?

a Nein, denn das lässt sich sowieso nicht realisieren.
c Ja, ich habe sogar bereits einen Kurs absolviert.
b Ja, ich habe es vor.

14 In meinem Beruf

b könnte ich mehr leisten.
a müsste ich mehr leisten.
✓ c leiste ich mehr, als ich muss.

Das bedeutet Ihr Ergebnis

Sie haben überwiegend a angekreuzt: In Ihnen steckt deutlich mehr, als Sie selbst für möglich halten. Aber Ihre Talente sind wie hinter einer ziemlich fest verschlossenen Tür verborgen. Vermutlich sind Sie bereits in jungen Jahren Anforderungen ausgesetzt gewesen, denen sie damals einfach nicht gerecht werden konnten. Leider aber geben Sie nicht den einstigen Lebensumständen die Schuld für das, was Sie nicht aus sich gemacht haben. Sondern Sie überschütten sich mit Selbstvorwürfen und vergleichen sich ständig mit Ausnahmepersönlichkeiten, die vielleicht trotz widriger Umstände Großes geleistet haben. Dieses mangelnde Vertrauen in sich selbst symbolisiert das zugesperrte Schloss an der Tür zu Ihren verborgenen Talenten. Doch Sie können diese Tür öff-

nen und mehr aus sich machen, indem Sie Ihre Selbstanschul-
digungen endlich aufgeben.

Sie haben überwiegend b angekreuzt: Sie haben viel aus
Ihren Talenten und Interessen gemacht. Die Zufriedenheit,
die damit einhergeht, verstellt Ihnen aber den Blick dafür,
dass noch deutlich mehr in Ihnen steckt. Das muss nicht nur
auf beruflichem Gebiet sein. Beispielsweise haben Sie garantiert noch nicht all Ihre künstlerischen Talente genutzt. Singen, Tanzen, Schauspielen, Malen, Musizieren, Basteln – all
dies, so glauben viele, sollten nur wirklich Hochbegabte tun.
Aber das stimmt nicht. All das gehört zu den Formen, in
denen wir uns im Leben ausdrücken und verwirklichen können. Selbst wenn wir es darin nicht zu Höchstleistungen bringen und keinen Beruf daraus machen. Probieren Sie also
einfach mal ein neues Hobby aus. Sie werden darin vermutlich nicht auf Anhieb besser als der Durchschnitt sein, aber
Sie können dennoch viel Spaß an Ihrem neu entdeckten
Talent haben.

Sie haben überwiegend c angekreuzt: Sie haben fast alles
genutzt, was Ihnen an Potenzial in die Wiege gelegt worden
ist. Das merkt man Ihnen deutlich an, denn Sie sind über-
durchschnittlich talentiert und extrem erfolgreich. Aber auch
in Ihnen steckt noch mehr. Denn sichtbarer Erfolg allein ist
nicht alles. Es gibt ideelle Werte, nach denen zu streben es
sich ebenfalls lohnen könnte. Zum Beispiel Weisheit, Ruhe,
Gelassenheit oder auch eine positive Ausstrahlung. Was
immer davon für Sie persönlich interessant sein könnte – hier
hält das Leben weitere Herausforderungen für Sie bereit.

Test 8: Sind Sie bereit, Risiken einzugehen?

Manche Menschen scheuen jedes Risiko. Andere wiederum zeichnen sich durch große Tollkühnheit aus. Beide Verhaltensweisen haben im Beruf ihre Vor- und Nachteile. Wie sind Sie veranlagt? Bitte skizzieren Sie Ihre grundlegende Einstellung zu riskanten Entscheidungen, indem Sie bei den folgenden Aussagen entweder »Ja« oder »Nein« ankreuzen.

Ich fühle mich nur selten wirklich entspannt. ____ ☐ Ja ☑ Nein

In der Welt müsste es viel gerechter zugehen. ___ ☑ Ja ☐ Nein

Ich bin mit mir nicht zufrieden, ich möchte noch
mehr erreichen. _____ ☑ Ja ☐ Nein

Die Menschen müssten freundlicher und
nachsichtiger mit mir umgehen. _____ ☐ Ja ☑ Nein

Ich fühle mich für alles und jedes
verantwortlich. _____ ☐ Ja ☑ Nein

Oft habe ich das Gefühl, dass ich gegen Wände
anrede. _____ ☑ Ja ☐ Nein

Ich fühle mich den ganzen Tag über gehetzt. ____ ☐ Ja ☑ Nein

Wenn man mich um etwas bittet, kann ich das
schlecht abschlagen. _____ ☐ Ja ☑ Nein

Ich bin vom Urteil anderer Menschen abhängig. _ ☐ Ja ☑ Nein

Ich versuche, alle Eventualitäten des Lebens
zu kontrollieren. _____ ☐ Ja ☑ Nein

Mich stört es, wenn etwas nicht an seinem
Platz ist. _____ ☑ Ja ☐ Nein

Ich fordere sehr viel von mir. _____ ☐ Ja ☑ Nein

Ich habe gelernt, dass ich andere Menschen
lieber kontrollieren als ihnen vertrauen sollte. ___ ☐ Ja ☑ Nein

Ich bin ein schlechter Verlierer. _____ ☐ Ja ☑ Nein

Das bedeutet Ihr Ergebnis

Bitte geben Sie sich für jedes »Nein« einen Punkt.

Weniger als 3 Punkte: Sie lieben das Risiko und lehnen
Sicherheitsdenken ab. Menschen, die an Ihren raschen Entscheidungen zweifeln, empfinden Sie nicht als hilfreich. Im
Gegenteil, Sie halten sie für lästige Hindernisse auf dem
Weg, den Sie eingeschlagen haben. Ihre Entschlussfreudig-
keit in allen Ehren – manchmal kann so viel Spontaneität
auch ein Fehler sein. Lehnen Sie daher wohlmeinende Ratschläge von Kollegen nicht rundheraus ab, sondern hören Sie
wenigstens zu, was man Ihnen zu sagen hat. Sie wirken sonst
großspurig und besserwisserisch. Und am Ende haben Sie im
Betrieb den Ruf weg, ein arroganter Einzelkämpfer zu sein.

3 bis 8 Punkte: Sie sind bereit, im Job jene Risiken einzugehen, die das Arbeitsleben uns abverlangt. Und Probleme
begreifen Sie als Chance, daran zu wachsen. Aber manchmal
werden Ihnen die Anforderungen auch zu viel, und Sie seh-
nen sich nach harmlose(re)n Routineaufgaben. Versuchen Sie
daher, alle Herausforderungen, die auf Sie zukommen, etwas
gelassener zu nehmen. Denn nicht hinter jedem Risiko verbirgt sich gleich eine schlummernde Katastrophe.

9 bis 12 Punkte: Ihr berufliches Streben ist darauf gerichtet,
allen vermeidbaren Risiken aus dem Weg zu gehen. Deshalb
stecken Sie ihre Ziele niedrig. Und träumen von einer Welt,
die menschlicher und weniger hart ist als die Realität. Diese

Tagträumereien haben Sie eigentlich aber gar nicht nötig. Denn in Ihnen steckt viel mehr Power, als Sie ahnen. Drücken Sie sich also nicht länger vor jeder riskanten Aufgabe, sondern trauen Sie sich mehr zu. Und wenn Sie eine Entscheidung für richtig halten, ist es gar nicht unbedingt nötig, sich ständig vorher beim Chef deswegen rückzuversichern. Im Gegenteil, es wird ihn entlasten, wenn Sie selbständig entscheiden. So können Sie auf Dauer Ihrem Vorgesetzten positiv auffallen, und eventuell betraut man Sie künftig sogar mit verantwortungsvolleren und interessanteren Aufgaben!

Mehr als 12 Punkte: Sie scheuen tatsächlich jedes Risiko, agieren übervorsichtig und gelten daher in der Firma als Bremser und Angsthase. Dabei sind Sie gar nicht so klein und bescheiden, wie Sie glauben. Im Gegenteil – vor allem von sich selbst fordern Sie viel zu viel. Sie möchten stets perfekt sein, nie Fehler begehen, immer Erfolg haben und ständig großartig dastehen. Gleichzeitig wissen Sie allerdings, dass das unrealistische Vorstellungen sind. Also ziehen Sie sich innerlich zurück und überlassen den Kollegen das Feld. Aber warum? Haben Sie ruhig die Courage, wenigstens ab und an Farbe zu bekennen. Egal, ob es sich um eine berufliche Entscheidung oder um ein Problem im Kollegenkreis handelt. Wenn Sie mehr riskieren, nimmt man Sie künftig ernster und respektiert Sie stärker.

Test 9: Stehen Sie ständig unter Zeitdruck?

Viele Aufgaben sind beruflich nur zu schaffen, wenn man sich gut organisiert. Das bedeutet, dass man Wichtiges erledigt und Unwichtiges auch mal liegenlässt. Das wird umso wichtiger, je größer der Zeitdruck ist, unter dem man steht. Der folgende Test verdeutlicht Ihnen, wie es um Ihr Zeitmanagement bestellt ist. Entscheiden Sie sich bitte bei den Fragen jeweils für eine von drei Antwortmöglichkeiten.

1 Wenn Sie morgens aufstehen, wie gehen Sie den Tag an?

[c] Ich habe einen festen Plan im Kopf, wie ich meine Pflichten erledigen will.

[b] Ich lasse alles auf mich zukommen und schaue, was sich ergibt.

[a] Ich lege mir dringende Aufgaben gleich in die Morgenstunden, der Rest kommt nach und nach dran.

2 Wenn morgens im Büro oder zu Hause die Post kommt,

[a] sortiere ich alles nach Dringlichkeit und arbeite das Wichtigste ab.

[c] öffne ich sie nach und nach und arbeite alles der Reihe nach ab.

[b] fische ich mir interessante Briefe heraus, den Rest öffne ich später.

3 Ein Freund ruft an, während Sie gerade eine wichtige Arbeit erledigen. Wie reagieren Sie darauf?

[a] Ich sage ihm, wann ich Pause mache und rufe dann zurück.

[c] Ich lasse mich nicht stören und vertröste ihn auf den Abend oder den nächsten Tag.

[b] Ich freue mich über die Unterbrechung, die Arbeit kann warten.

4 Was fällt Ihnen zu dieser Situation spontan ein?

a Ich mache auch am liebsten Pause in Gesellschaft von Kollegen.

b Zu einem kurzen Plausch komme ich eigentlich nie.

✓ c Ab und zu eine Pause einzulegen ist wichtig, um sich zu erholen.

5 Ein Freund oder ein Kollege bittet Sie, kurzfristig etwas für ihn zu erledigen. Was tun Sie?

b Ich springe sofort ein. Ich erwarte dasselbe ja auch von ihm.

c Ich wimmele ihn ab, sonst kommt mein Zeitplan durcheinander.

✓ a Kommt darauf an. Wenn ich selbst Zeit habe, helfe ich gern.

6 Schieben Sie angefangene Arbeiten des Öfteren auf?

b Ja, leider. Bei mir gibt es immer ein paar dieser »Baustellen«.

a Manchmal, aber es muss ja nicht alles hundertprozentig fertig sein.

✓ c Nein, wenn ich etwas anfange, bringe ich es auch zu Ende.

7 Viele arbeiten abends länger. Sie auch?

✓ a Nur, wenn ich eine wichtige Sache beenden will. Sonst kann alles bis zum nächsten Tag warten.

b Nein, ich mache pünktlich Feierabend, nehme aber mal Arbeit mit.

c Ja, manchmal bin ich einer der Letzten, die gehen. Und habe das Gefühl, nichts geschafft zu haben.

8 Trifft es zu, dass Sie am liebsten alles selbst erledigen?

b Nein, das ist mir nicht wichtig.

c Ja, niemand macht meine Arbeit so gut wie ich.

✓ a Bei wichtigen Arbeiten schon, aber ich muss nicht jede Kleinigkeit selbst in die Hand nehmen.

9 Schieben Sie unangenehme Aufgaben vor sich her?

c Nein, die werden sofort erledigt.

b Ja, ich drücke mich gern davor.

✓ a Manchmal – aber nur, wenn es wirklich unwichtige Dinge sind.

10 Eine eilige Aufgabe bringt Ihren Zeitplan durcheinander, sind Sie vorbereitet?

[a] Ja, ich habe immer etwas »Luft« eingeplant, damit ich flexibel auf so etwas reagieren kann.

[b] Ja, aber dann bleibt eben etwas anderes liegen.

[c] Eigentlich nicht, das stürzt mich ins völlige Chaos.

Das bedeutet Ihr Ergebnis

Sie haben überwiegend [a] angekreuzt: Sie haben Ihre Zeit gut im Griff und kommen nur ganz selten in Terminverzug. Ihre Planung ist kein starres Korsett, daher können Sie auch auf Unvorhergesehenes flexibel reagieren. Das ist vorbildlich, denn so vermeiden Sie den größten Stress von vornherein. Da Sie außerdem nicht den Anspruch haben, dass alles perfekt sein muss, reagieren Sie selbst unter Zeitdruck nicht gereizt und ärgerlich. Das macht Sie zu einem sehr beliebten Kollegen!

Sie haben überwiegend [b] angekreuzt: Sie sollten dringend Ihr Zeitmanagement verbessern. Sicher haben Sie schon gemerkt, dass Sie mit Ihren beruflichen Terminen häufig ins »Schwimmen« geraten. Das wird sich nur mit einer soliden Zeitplanung verbessern. Versuchen Sie deshalb, Ihre Arbeiten geschickter einzuteilen. Erledigen Sie Wichtiges zuerst. Und wehren Sie sich, wenn Kollegen Ihnen zusätzliche Pflichten aufbürden wollen. Wenn Sie realistisch einschätzen können, dass Ihre Projekte von Ihnen allein nicht (mehr) zu bewältigen sind, sollten Sie mit Kollegen und/oder Vorgesetzten sprechen und um etwas Entlastung bitten. Dafür wird man Ihnen nicht gleich den Kopf abreißen.

Sie haben überwiegend c angekreuzt: Sie versuchen zwar, sich Ihre Zeit gut einzuteilen. Doch damit scheitern Sie fast jeden Tag aufs Neue. Denn Ihr starrer Plan wird häufig komplett über den Haufen geworfen, sobald etwas Unvorhergesehenes auf Ihrem Schreibtisch landet. Dadurch sind Stress und Zeitnot Ihr ständiger Begleiter. Kaum jemand schiebt so viele Überstunden wie Sie. Das ist natürlich ehrenhaft und kommt vor allem bei manchen Vorgesetzten gut an. Auf wirklich kluge Chefs allerdings wirken Sie gar nicht so fleißig. Sondern eher unorganisiert. Denn ein Insider kann erkennen, dass Ihre ständige Mehrarbeit lediglich das Resultat eines schlechten Zeitmanagements ist. Sie sollten sich künftig bemühen, Ihre Aufgaben strukturierter und weniger chaotisch zu erledigen. Voraussetzung dafür ist, dass Sie Ihren täglichen Arbeitsplan so »luftig« gestalten, dass immer auch Raum bleibt für Unvorhergesehenes. Und verbeißen Sie sich nicht so eisern in jedes Projekt, erwarten Sie nicht immer ein absolut perfektes Ergebnis von sich. Oft reicht nämlich auch bereits eine »gute« Leistung!

Test 10: Stehen Sie sich selbst im Weg?

Manche Menschen machen es sich im Leben unnötig schwer, weil sie gegen ihre eigenen Interessen handeln. Zum Beispiel, indem sie die Hilfe anderer ablehnen oder sich ausnutzen lassen. Testen Sie, ob Sie sich womöglich auch selbst im Weg stehen. Bitte kreuzen Sie dazu jeweils die Aussage an, die am ehesten auf Sie und Ihre Situation zutrifft.

1 Sie kommen zu spät und gestresst zur Betriebsfeier. Wie schnell haben Sie sich akklimatisiert?

✔ 1 sofort
3 meist gar nicht
2 langsam

2 Ein Kollege hat sich eine zu große Aufgabe vorgenommen. Wie helfen Sie ihm?

✔ 3 Ich gebe ihm den Rat, seine Kräfte das nächste Mal besser einzuschätzen.
1 Ich ermutige ihn.
2 Ich tröste ihn.

3 Wenn ich Hilfe brauche und sie mir angeboten wird,

✔ 1 lasse ich mir gern helfen.
2 habe ich Bedenken, mich zu verpflichten.
3 lehne ich fast immer ab.

4 Ich helfe anderen Menschen, wenn

✔ 2 sie mich um Hilfe bitten.
3 sie gar nicht um Hilfe gebeten haben.
1 es angebracht und sinnvoll ist.

5 Wenn ich Erfolg habe, freue ich mich

2 immer ein bisschen.
1 jedes Mal von Herzen.
3 eigentlich nie so richtig.

6 Krach mit Kollegen habe ich

3 viel zu oft.
1 ganz selten einmal.
2 des Öfteren.

7 Leute, die ständig freundlich zu mir sind,

3 langweilen mich.
2 sind mir immer ein wenig verdächtig.
1 gefallen mir.

8 Zu anderen Menschen bin ich

1 generell freundlich.
2 anfangs meist etwas distanziert.
3 oft sehr streng, so dass sie sich verletzt fühlen könnten.

9 Enttäuschungen durch Freunde oder Kollegen erlebe ich

2 öfter mal.
3 eigentlich ständig.
1 sehr selten.

10 Auf Partys und Feiern

1 bin ich immer gesprächig.
3 gehöre ich meist zu den »Stillen im Lande«.
2 rede ich nicht mehr als die anderen.

11 Wenn ich mal aus der Haut fahre,

☑ **1** versuche ich, andere möglichst trotzdem nicht zu verletzen.
2 werde ich öfter mal beleidigend.
3 staunt man, wie aggressiv ich werden kann.

Das bedeutet Ihr Ergebnis

Bitte zählen Sie die angekreuzten Zahlen zusammen. Die Summe ergibt Ihre Punktzahl.

Weniger als 15 Punkte: Sie besitzen die Fähigkeit, sehr klug für Ihre Interessen einzutreten. Denn Sie tun dies immer, ohne dass es auf Kosten anderer geschieht. Auf diese Weise erreichen Sie echte Zufriedenheit. Nicht nur mit sich selbst, sondern auch im Umgang mit Ihren Kollegen und Freunden.

15 bis 25 Punkte: Sie nehmen sich selbst nicht wichtig genug und sind daher manchmal zu gutmütig. Nach dem Motto »bevor ich jemanden bitte, erledige ich alles schnell selbst« beschneiden Sie Ihr eigenes Glück. Denn diese Haltung macht Sie für die Kollegen zu »pflegeleicht«. Sie stehen ja immer zur Verfügung, wenn man Sie braucht. Ändern Sie das zukünftig – sonst kommen Sie im Job ständig zu kurz!

Mehr als 25 Punkte: Sie stehen sich am Arbeitsplatz oft selbst im Weg. Denn Sie sind ein harmoniebedürftiger Mensch und scheuen Konfrontationen. Dadurch nehmen Sie sich oft zu stark zurück und beißen sich gerade dann auf die Zunge, wenn Sie etwas Kritisches zu sagen hätten. Doch diese Freundlichkeit wird Ihnen nicht gedankt, im Gegenteil. Ihre Kollegen haben den Eindruck, dass man Sie hervorragend für die eigenen Zwecke einspannen kann. Und das nutzen sie aus. Dem sollten Sie endlich einen Riegel vorschieben!

Test 11: Neigen Sie dazu, sich zu isolieren?

Fühlen Sie sich am wohlsten, wenn Sie eine Aufgabe im Alleingang erledigen können? Oder liegt es Ihnen mehr, ein Projekt gemeinsam mit anderen durchzuziehen? Für Menschen, die keine Teamplayer sind, kann es gerade im Job manchmal schwierig werden. Der folgende Test verrät Ihnen, ob Sie sich zu stark von anderen absondern oder nicht. Bitte kreuzen Sie dazu an, wie gut die folgenden Aussagen auf Sie zutreffen. Dabei bedeutet

x (1 Kreuz): das trifft nur ein wenig zu

x x (2 Kreuze): das trifft relativ genau zu

x x x (3 Kreuze): das ist absolut zutreffend

Ich bin manchmal eitel. Es ist mir wichtig, eine gewisse Bedeutung vor anderen Leuten zu haben. _____ ☒☐☐

Was ich tue, ist in aller Regel wichtiger als die Dinge, die meine Mitmenschen machen. _____ ☒☒☒

Ich besitze großes Pflichtgefühl. Die Sache ist mir immer wichtiger als die Person. _____ ☒☐☐

Wenn mich eine Aufgabe packt, vergesse ich alle Menschen um mich herum. _____ ☒☐☐

Klarheit ist mir wichtiger als Harmonie. _____ ☒☒☒

Meine Tatkraft zeigt sich manchmal als menschliche Härte. _____ ☒☒☒

Ich kann andere überzeugen – aber man wirft mir auch Prinzipienreiterei vor. _____ ☒☒☐

Zu meinen Auffassungen stehe ich – auch wenn sie unpopulär sind. _____ ☒☒☒

Logik ist mir bei Entscheidungen wichtiger als Intuition. _____ ☒☐☐

Ich bin öfter mal »geistig abwesend«. _____ ☒☐☐

Ich bin so einfallsreich, dass ich mir oft Illusionen mache. _____ ☒☒☐

Meine Phantasie ist oft größer als mein Wirklichkeitssinn. _____ ☒☐☐

Ich bin innerlich ruhelos. Behaglichkeit ist für mich ein Fremdwort. _____ ☒☐☐

Glück empfinde ich am stärksten, wenn ich mit mir allein bin. _____ ☒☐☐

Probleme klopfe ich immer von allen Seiten ab. Ich bin kein Mensch schneller Entschlüsse. _____ ☒☒☐

Das bedeutet Ihr Ergebnis

Bitte geben Sie sich für jedes Kreuz, das Sie gemacht haben, einen Punkt. Die Summe daraus ergibt die Gesamtpunktzahl.

Mehr als 35 Punkte: Leider stehen Sie Ihren Kollegen nicht sehr nahe. Was bedauerlich ist, denn für jedes Arbeitsteam könnten Sie eine echte Bereicherung sein. Sie sind nämlich äußerst phantasiebegabt und haben viele gute Ideen. Allerdings brüten Sie am liebsten allein darauf herum. Zwar können Sie die Ergebnisse Ihres Denkens logisch und klar formulieren. Aber Sie reagieren ungehalten, sobald man Ihren Gedankenfluss unterbricht oder korrigiert. Und das ist im Team nun einmal gang und gäbe. Versuchen Sie, sich künftig mehr in die Gemeinschaft zu integrieren, damit Ihre beruflichen Leistungen endlich registriert und entsprechend gewürdigt werden.

25 bis 35 Punkte: Sie neigen nicht dazu, sich zu isolieren. Obwohl Sie eine Aufgabe auch gut allein und selbständig lösen können, öffnen Sie sich gern Ihren Kollegen. Dabei greifen Sie auch bereitwillig auf deren Erfahrungen und Urteile zurück. Ihnen bricht also kein Zacken aus der Krone, wenn man Sie gelegentlich korrigiert oder Ihnen einen Verbesserungsvorschlag unterbreitet. So viel Teamgeist macht Sie zu einem geschätzten und beliebten Kollegen.

Weniger als 25 Punkte: Sie sind kein Einzelgänger, sondern blühen erst unter anderen so richtig auf. Zudem denken und handeln Sie eher gefühlsbetont. Und während die Kollegen womöglich noch allein über einem Problem »brüten«, haben Sie sich bereits Ihr Urteil für die Gruppe gebildet – und hinausposaunt. Leider ist dies nicht immer haltbar, und dadurch behindern Sie das Team eher, als dass Sie es bereichern. Sie wollen sich eben manchmal einfach zu stark »einbringen«. Manchmal wäre ein bisschen mehr Zurückhaltung angebracht. Immerhin schätzt man an Ihnen Ihr ausgeprägtes Harmoniegefühl und Ihre Flexibilität. Wer gute Argumente bringt, kann Sie schnell überzeugen, und im Dienste der Sache haben Sie kein Problem damit, Ihre ursprüngliche Meinung abzuändern.

Test 12: Wie wirken Sie auf andere?

Wenn wir jemanden kennenlernen, ist der erste Eindruck oft der entscheidende. Das kann gerade im Bewerbungsgespräch oder am ersten Arbeitstag im neuen Job sehr wichtig werden. Welches Bild sich andere von Ihnen machen, verrät dieser Test. Entscheiden Sie sich bitte bei den Fragen jeweils für eine von drei Antwortmöglichkeiten.

1 Jemand fragt Sie: »Wie geht's?« Was antworten Sie?

- [c] »Danke, wie es eben so geht.«
- [a] »Danke gut. Und wie geht es Ihnen?« ✔
- [b] Sie sagen ehrlich, wie Ihnen gerade zumute ist.

2 Wenn ich mich mit jemandem unterhalte, dann schaue ich

- [a] immer konsequent in seine Augen. ✔
- [c] die meiste Zeit eher an ihm vorbei.
- [b] mal in seine Augen, mal an ihm vorbei.

3 Auf der Betriebsfeier geht es ausgelassen und feuchtfröhlich zu. Wie finden Sie das Treiben?

- [a] Wo es etwas zu feiern gibt, bin ich dabei.
- [b] Einigen Kollegen wird ihr Verhalten am nächsten Tag garantiert leidtun. ✔
- [c] Eine ausgelassene Fete mit Kollegen wäre mir unangenehm.

4 Jemand langweilt Sie mit einer Geschichte. Wie reagieren Sie?

- [a] Ich bin höflich und heuchle Interesse. ✔
- [b] Ich unterbreche ihn.
- [c] Ich gebe mich demonstrativ gelangweilt.

5 Wenn andere Ihnen etwas aus ihrem Leben erzählen,

✓ a höre ich sehr genau zu.
 b versuche ich, mich darauf zu konzentrieren.
 c bin ich oft abgelenkt.

6 Wie gut merken Sie sich Namen neuer Bekanntschaften?

 a Die kann ich mir immer sehr gut merken.
 c Die behalte ich nur, wenn mir die Personen sympathisch sind.
✓ b Gar nicht, ich müsste sie mir erst aufschreiben.

7 Wie pünktlich sind Sie bei Verabredungen oder Terminen?

✓ b Sehr pünktlich – wenn ich es so einrichten kann.
 c Relativ pünktlich – es sei denn, ich mag die Person nicht.
 a Überpünktlich – außer, es passiert ein Unfall.

8 Wenn jemand sich nicht korrekt benimmt,

✓ b übersehe ich das meistens großzügig.
 a kritisiere ich das an Ort und Stelle.
 c spreche ich das erst später unter vier Augen an.

9 Von welchen Ihrer Bekannten erzählen Sie immer zuerst?

 a Von den interessanten, reichen, bedeutenden.
✓ b Von den einfachen, ehrlichen, fröhlichen.
 c Von denen, die viele Probleme haben.

10 Wie reagieren Sie auf Fremde?

✓ b Ich freue mich, jemanden kennenzulernen.
 a Ich rätsele, wie derjenige wohl sein könnte.
 c Ich fühle mich in meiner Ruhe gestört.

11 Eine Unterhaltung gerät ins Stocken, dann

[a] fällt mir immer etwas ein, mit dem ich die Pause überbrücken kann.

[c] stelle ich den anderen eine Frage oder lasse ein Stichwort fallen.

✓ [b] macht es mir nichts aus, wenn plötzlich keiner mehr etwas sagt.

Das bedeutet Ihr Ergebnis

Sie haben überwiegend [a] **angekreuzt:** Sie vermitteln einen sehr positiven ersten Eindruck – durch Ihre höfliche und freundliche Art sowie dadurch, dass Sie Interesse zeigen. Ihr Benehmen gilt bei anderen als vorbildlich, da Sie sich nicht in den Vordergrund drängen und Ihren Mitmenschen genug Raum lassen. Mancher könnte Ihre zuvorkommende Art für Unterwürfigkeit halten und das ausnutzen wollen. Zeigen Sie, dass es Grenzen gibt.

Sie haben überwiegend [b] **angekreuzt:** Bei Ihnen spüren andere sofort, dass Sie unkonventioneller als die meisten Menschen sind. Ihre innere Freiheit wirkt anziehend. Andere fühlen sich in Ihrer Gesellschaft ungezwungen und legen vorhandene Hemmungen schnell ab. Doch ein wenig Zurückhaltung dann und wann wäre gar nicht so schlecht. Denn mancher wird womöglich enttäuscht, weil er sich von Ihnen auf Dauer mehr erhoffte, als Sie wirklich zu geben bereit sind.

Sie haben überwiegend [c] **angekreuzt:** Anfangs wirken Sie oft etwas reserviert und abwartend, weil Sie kein »Blender« sein wollen. Deshalb sind Sie weniger für Small Talk, sondern eher für vernünftige und ernste Zweiergespräche zu haben. Da überzeugen Sie schnell. Und auf den zweiten Blick lernt man Ihre wahren Werte zu schätzen. Doch strengen Sie sich ruhig auch bei belanglosen Gesprächen und Kontakten etwas mehr an. Sonst könnten Sie einige vielleicht tolle Chancen verpassen.

Test 13: Zeigen Sie Ihre Gefühle zu offen?

Im Job ist es nicht von Vorteil, zu offen mit den Kollegen und Vorgesetzten zu sein. Viele Gefühle sollte man besser für sich behalten. Andererseits kommt es auch nicht gut an, gar nichts von sich preiszugeben. Können Sie das richtige Maß halten? Bitte kreuzen Sie bei allen Fragen entweder »Ja« oder »Nein« an.

1 Ich sage immer deutlich, ob es mir gut- oder schlechtgeht. ☐ Ja ☑ Nein

2 Ich bin wetterfühlig. ☐ Ja ☑ Nein

3 Ich entscheide meist »aus dem Bauch heraus« und nicht nach logischen Gesichtspunkten. ☑ Ja ☐ Nein

4 Wenn der Chef vor mir jemanden lobt, spüre ich Eifersucht. ☐ Ja ☑ Nein

5 Ich kann manchmal richtig schlecht gelaunt sein, ohne den Grund dafür zu wissen. ☐ Ja ☑ Nein

6 Wenn ich schlechte Laune habe, erwarte ich, dass andere darauf Rücksicht nehmen. ☐ Ja ☑ Nein

7 Ärger fresse ich nie in mich hinein. ☐ Ja ☑ Nein

8 Wenn mich etwas stört, sage ich das klar und deutlich. ☐ Ja ☑ Nein

9 Manchmal bin ich zu Tode betrübt, aber gleich anschließend wieder himmelhoch jauchzend. ☑ Ja ☐ Nein

10 Als Kind bin ich öfter mal bestraft worden, obwohl ich nichts Schlimmes getan hatte. ☐ Ja ☑ Nein

11 Meine Eltern haben sich öfter für mich geschämt. ☑ Ja ☐ Nein

12 Meine Eltern haben von mir immer erwartet, dass ich sie glücklich mache. _____ ☑ Ja ☐ Nein

13 Ich fühle, dass die meisten Menschen nicht viel von mir halten. _____ ☐ Ja ☑ Nein

14 Andere Leute haben nur Respekt vor mir, wenn ich ihnen gegenüber stark auftrete. ____ ☑ Ja ☐ Nein

15 Ich bin anderen Menschen gegenüber nie ganz sicher, wie ich mich verhalten soll. _____ ☐ Ja ☑ Nein

16 Ich schenke anderen Personen mein Vertrauen spät oder sogar nie. _____ ☐ Ja ☑ Nein

Das bedeutet Ihr Ergebnis

Bitte geben Sie sich für jedes »Ja«, bei den Nummern 1 bis 8 und für jedes »Nein« bei den Nummern 9 bis 16 einen Punkt.

Mehr als 12 Punkte: Sie zeigen Ihre Gefühle offen. So offen, dass manche Menschen Sie sogar für launisch und kompliziert halten. Ein wenig mehr Kontrolle über Ihre Gefühle könnte Ihnen daher im Job ganz dienlich sein. Denn nicht jeder Kollege verkraftet es, ständig mit den ungefilterten Emotionen anderer konfrontiert zu werden. Viele schreckt das eher ab. Und dann haben Sie es sich durch schonungslose Offenheit womöglich mit Leuten verscherzt, auf die Sie tagtäglich angewiesen sind.

8 bis 12 Punkte: Sie geben sich große Mühe, Ihr Gefühlsleben unter Kontrolle zu halten. Das ist gegenüber den Kollegen auch meistens die richtige Taktik. Doch selbst ein beherrschter Mensch wie Sie hat mal Launen, die seine Umwelt zu spüren bekommt. Doch erstens kommt das bei Ihnen nicht sehr häufig vor. Und zweitens besitzen Sie die Gabe, dann rechtzeitig zu sagen, dass Sie gerade nicht so gut drauf sind. So wissen die Kollegen Bescheid und können Ihre Gefühlsschwankungen richtig einordnen.

Weniger als 8 Punkte: Sie sind ein Gefühlsmensch: emotional, herzlich, temperamentvoll. Aber es gibt auch extreme Stimmungsschwankungen bei Ihnen, und dann wissen die Kollegen manchmal nicht, wie sie sich Ihnen nähern und was sie von Ihnen halten sollen. Diese Launenhaftigkeit kostet Sie manchen Sympathiepunkt. Versuchen Sie also, zukünftig im Job etwas ausgeglichener zu wirken. Das kann Ihnen die Arbeit im Team nur erleichtern.

Test 14: Könnten Sie erfolgreicher sein?

Unser Umgang mit anderen Menschen sagt viel darüber aus, wie wir mit uns selbst umgehen. Insbesondere im Beruf. Im Folgenden finden Sie diverse Aussagen über das Verhalten von Menschen am Arbeitsplatz. Bitte beurteilen Sie, wie gut die einzelnen Aussagen auf Sie zutreffen, und schreiben Sie die entsprechende Ziffer in das jeweilige Kästchen:

0 überhaupt nicht
1 ein bisschen
2 ziemlich gut
3 überraschend gut
4 hundertprozentig

[3] Am besten arbeite ich in der Gruppe. Wenn ich allein arbeite, gehen mir die Sachen schwer von der Hand.

[4] Bei Gesprächen – in der Arbeit oder privat – unterbreche ich andere Menschen selten oder nie.

[4] Wenn ich selbst etwas sagen will, werde ich viel zu oft unterbrochen.

[4] Ich biete anderen Leuten öfter Hilfe an, als man mir Hilfe anbietet.

[2] Ich helfe Kollegen – auch wenn meine eigene Arbeit dabei liegenbleibt.

[0] Ich biete Hilfe auch dann an, wenn ich gar nicht danach gefragt werde, und es kommt vor, dass andere Menschen mit dieser Hilfe nicht immer etwas anfangen können.

[1] Hilfe, die ich geleistet habe, wird zumeist als selbstverständlich betrachtet. Sie wird mir deshalb fast nie gedankt.

2 Ich habe schon mehrfach Personen geholfen, ohne dass das überhaupt registriert wurde.

1 Ich kenne das Gefühl, dass mir alles über den Kopf wächst und ich mein eigenes Pensum nicht schaffe ...

0 aber dennoch habe ich Schwierigkeiten, Hilfe anzunehmen, die man mir anbietet.

1 Bevor ich Leuten lang und breit erkläre, was sie zu tun hätten, erledige ich es lieber gleich selbst.

1 Man hat mir schon öfter gesagt, ich ließe mich von anderen Menschen ausnutzen.

0 Meine Sätze sind oft umständlich. Ich habe Schwierigkeiten, mich anderen verständlich zu machen.

0 Es gibt Menschen, die sich um mich bemühen. Das sind aber nicht die, um die ich mich selbst bemühe.

0 Ich bemühe mich besonders um Leute, die nichts von mir wissen wollen.

0 Ich kann es nur schwer oder gar nicht genießen, wenn ich etwas geleistet habe.

4 Ich führe einen genauen Terminkalender und versuche, auch Termine für meine Familie, für Freunde und Bekannten dort unterzubringen.

3 Im Job fühle ich mich selten richtig ausgelastet. Manchmal bin ich unter- und manchmal überfordert.

0 Es fällt mir schwer, mich über Missstände in Zusammenhang mit der Arbeit zu beschweren.

0 Meine ehrliche Meinung kann ich kaum äußern, ohne aggressiv oder total emotional zu werden.

☐ Ich bin oft unglücklich, weil meine Arbeit mich so aufreibt.

☐ Ich lehne die Hilfe von anderen ab, weil ich es allein schaffen will.

☐ Ich wecke in Menschen Hoffnungen, die ich nicht immer erfüllen kann.

☐ Andere strengen sich weniger an und haben mehr Erfolg.

☐ Manchmal fehlt mir Selbstdisziplin. Aber es hilft nichts, ich kann mich halt nicht zusammenreißen.

☐ Oft lasse ich mir zusätzliche Arbeit aufs Auge drücken und traue mich nicht, sie abzulehnen.

☐ In meinem Leben gibt es viel Action – aber ich habe das Gefühl, ich trete auf der Stelle.

☐ Am wohlsten fühle ich mich, wenn ich gelobt werde.

☐ Ich würde gerne wissen, was mein Chef wirklich über mich denkt.

☐ Meine Kollegen finden mich arrogant, obwohl ich so gar nicht wirken möchte.

37

Das bedeutet Ihr Ergebnis
Bitte zählen Sie die vor den Aussagen in den Kästchen stehenden Zahlen zusammen. Die Summe ergibt Ihre Gesamtpunktzahl.

Mehr als 80 Punkte: Ihr Leben wird bestimmt von einem hohen moralischen Anspruch. Doch damit ernten Sie meist nicht den Erfolg, den Sie sich erhoffen. Dabei sind Sie überaus rücksichtsvoll und zuvorkommend. Aber leider fehlen Ihnen eben die Ellenbogen, sich in schwierigen Situationen durchzusetzen. Sie sind nun einmal nicht für den ständigen Kampf gemacht. Doch gerade, weil Sie sich meist so stark zurücknehmen, reagieren Sie ab und zu mit explosionsartigen Ausbrüchen. Vor allem dann, wenn Ihnen mal wieder alles zu viel wird und Sie – ähnlich wie ein Dampfkessel – Druck ablassen müssen. Am Arbeitsplatz hat man dadurch den Eindruck, dass Sie viel zu empfindlich sind und alles gleich persönlich nehmen. Statt also die ganz große Karriere anzustreben, sollten Sie sich realistische (also ruhig bescheidenere) berufliche Ziele setzen. Es ist nämlich wichtig, dass Sie sich nicht zu sehr überfordern, sondern das unterschwellige Aufstauen von Zorn und Frust zukünftig schon im Ansatz vermeiden.

60 bis 80 Punkte: Sie haben zwar Erfolg im Leben, aber Sie bleiben dennoch hinter dem zurück, was Sie erreichen könnten. Denn Sie verhalten sich wie ein Autofahrer, der Vollgas gibt und gleichzeitig die Bremse tritt. Indem Sie sich selbst zu wenig wichtig nehmen – und andere dafür umso wichtiger. Was Kollegen und Vorgesetzte denken und sagen, ist für Sie bedeutsamer als Ihre eigene Meinung. Trotzdem reagieren Sie in vielen Situationen instinktiv richtig. Das macht Ihre Qualitäten als Mitarbeiter aus. Statt aber künftig weiter danach zu streben, jedermanns Liebling zu sein, sollten Sie wenigstens dann und wann unmissverständlich Ihre eigenen Ansichten vertreten. Mit der Zeit wird Sie das nicht nur zu einem geschätzten, sondern auch überaus erfolgreichen Kollegen machen.

40 bis 59 Punkte: Sie sind auf einem guten Wege und könnten so tatsächlich immer erfolgreicher werden. Dabei haben Sie bereits viele Hürden gemeistert. Die größte war vermutlich eine Erziehung, die darauf ausgerichtet war, Sie zu völliger Bescheidenheit und Zurückhaltung zu dressieren.

Doch diese Abrichtung konnten Sie hinter sich lassen. Und Sie geben sich heute im Beruf nicht schwächer und hilfloser, als Sie tatsächlich sind. Diese Haltung verschafft Ihnen Respekt, sowohl im Kollegenkreis als auch bei Ihren Vorgesetzten. Der eine oder andere Karrieresprung könnte zukünftig für Sie »drin« sein!

Bis 39 Punkte: Sie haben alles Zeug zu einem erfolgreichen Berufsweg! Denn Sie besitzen viele Kompetenzen und Fähigkeiten. Ihre größte Qualität ist wohl, dass Sie in der Lage sind, jederzeit Verantwortung zu übernehmen. Und zwar auch dann, wenn mal etwas schiefgelaufen ist. Statt die Schuld schnell auf andere zu schieben, analysieren Sie zunächst, welchen Anteil Sie womöglich daran hatten. Sie behandeln Ihre Mitmenschen in einer Art und Weise, die Ihnen auf der »Karriereleiter« nach unten wie nach oben Respekt verschafft. Das wird sich früher oder später in klingender Münze und/oder einem höheren Posten für Sie auszahlen.